獨協大生と草加市障害福祉サービス事業所つばさの森

マドレーヌが紡ぐ地域貢献の記録

高安 健一 著
Takayasu Kenichi

風詠社

はじめに

　マドレーヌはフランス生れの焼き菓子である。それが母国から遠く離れた埼玉県草加市で、獨協大生、つばさの森の職員と利用者（障がい者）、そして市民の食と心を紡いでいる。筆者のゼミ生とつばさの森の職員は、テーブルの上に置かれたマドレーヌを見つめながら、なんだかんだと話し合い、ともに行動してきた。この本に描かれているのは、学生がつばさの森とその利用者を支援したストーリーではない。学生はつばさの森とのコラボをつうじて学びと成長の機会をえた。

　本書の目的は、筆者のゼミと草加市障害福祉サービス事業所つばさの森が 2022 年 10 月から 2024 年 5 月まで取り組んだ、手作りの焼き菓子（マドレーヌ）の製造・販売に関わる共創活動を振り返ることをつうじて、地域の方々と学生が課題解決のために円滑に連携するためのヒントを見つけ出すことである。本書では、つばさの森プロジェクトを、ビジネス手法を活用して社会課題に挑むソーシャルビジネスの成功事例として位置づけている。

　日本では、大学進学率の高まりを受けて学生が増加している。文部科学省「学校基本調査」（令和 6 年度）によると、学部学生数は 2024 年 5 月 1 日現在 2,628,310 人である。日本では、少子化が進む一方で高等教育機関の在籍者数は高水準を維持してきた。地域の課題解決のために学生を活用しない手はない。課題が複雑化するなかで、大学での学びに裏打ちされた、その発

見と解決に繋がるアイデアが求められている。

　学生と地域を意識的に結びつける仕組みが必要である。学生は、授業、部活サークル活動、アルバイト、インターンシップなどに忙しく、可処分時間は大人が思うほど多くはない。加えて、地域貢献に関心のある学生に地域の情報は届きにくい。2024 年に開学 60 周年を迎えた獨協大学には、地域のニーズと学生のニーズをマッチングさせる部課室はなく、専任職員は配置されていない。2022 年に、草加市の 3 大伝統産業の一つである草加本染の最後の職人（埼玉県伝統工芸士）といわれている昼間時良氏に取材した折りに、我々が同氏を訪れた「最初」の獨協大学関係者であることが判明した。大学として、地域の優れた人物と接点を持ち、隠れた地域資源を掘り起こして、学生の学びや調査研究に活用し、大学の競争力を高めていくための戦略と本気度が問われている。

　筆者は 2009 年 4 月に獨協大学経済学部に着任して以来、プロジェクト型課題解決学習（PBL：Project-Based Learning）に取り組んできた。学生が課題を発見し、解決策を自ら考えて実践し、その成果を論文やレポートとしてまとめる学修活動である。2024 年度までに合計 61 の PBL を国内外で展開した。そのなかで、地域の素材を商品化し、販売し、広報するチームがいくつか現れた。草加せんべい、皮革産業、そして草加本染にかんするプロジェクトである。加えて、草加市や埼玉県と東京 2020 パラリンピック競技大会の気運醸成活動で連携したり、埼玉県立草加かがやき特別支援学校とコラボした経験をもつ。こうした PBL の蓄積をつばさの森との共働活動に活用するこ

とができた。

　本書の特徴は３つある。第１は、学生、つばさの森、教員という３者の視点から一つのプロジェクトを振り返り、そして評価していることである。第５章に、学生の視点及びつばさの森の職員の視点という企画を配置した。

　第２は、経済学や経営学の視点が反映されていることである。学生と障害福祉サービス事業所とのコラボというと、社会福祉を学んでいる学生が連想されよう。高安ゼミが経済学部に属していることから、商品開発、販売、販路、バリューチェーンといった用語が頻繁に登場する。社会福祉とは異なる視点から学生と事業所の共働が進んだといえよう。

　第３は、持続可能な開発目標（SDGs：Sustainable Development Goals）を意識しながらプロジェクトを進めたことである。ゼミ生は 2015 年９月に国連サミットで採択された「我々の世界を変革する：持続可能な開発のための 2030 アジェンダ」の中核を成す SDGs を学んでいる。SDGs は、2030 年までの間に、民間部門、自治体、教育機関、非政府組織（NGO）、非営利団体（NPO）などが広くパートナーシップを組んで世界の課題解決を目指す営みである。その基本理念である「誰一人取り残さない」（No One Left Behind）は、当然のことながらつばさの森の利用者も包摂する。

　本書は６つの章で構成されている。第１章では、大学運営の視点から地域連携をとらえている。経営課題としての地域連携

の重要性が増す状況下で、学生参加型の地域連携へのニーズが高まっていることを指摘する。次に、高安ゼミが地域で展開してきた PBL がつばさの森とのコラボを円滑に進めるための基盤を形成していたことを紹介する。第 2 章は、読者につばさの森のことを知っていただくことを目的に執筆された。つばさの森の基本情報を整理したのちに、焼き菓子事業、利用者の日常、そして工賃の決まり方などを解説する。第 3 章では、ゼミ生とつばさの森の共創活動について、販路開拓と新規顧客確保、商品開発、つばさの森の知名度向上の 3 つの視点から詳述する。第 4 章では、経済学部系ゼミにおけるソーシャルビジネスの視点を取り入れた PBL の可能性、そして大学の対応について考える。第 5 章では、焼き菓子の製造と販売をめぐるプロジェクトについて、学生の視点とつばさの森の職員の 2 つの視点から振り返り、地域連携が円滑に進むための要素を抽出する。第 6 章では、前章の内容を踏まえたうえで、学生と地域主体（企業・団体・行政など）がコラボを進めていくためのポイントを整理する。

　本書は、筆者が 2023 年に出版した『半径 3 キロの PBL 〜埼玉県草加市で挑んだ SDGs 地域連携の記録〜』（幻冬舎ルネッサンス新書）の続編にあたる。このなかで、東京オリンピック・パラリンピック 2020 競技大会に関わる PBL に焦点をあてながらも、2009 年から 2022 年にかけて多分野で展開した PBL を振り返った。本書は、つばさの森プロジェクトを深耕することで PBL と地域連携について、読者に理解していただくことを目指している。

第2章と第5章は、筆者がつばさの森の職員やゼミ生への取材をもとに執筆した。筆者が獨協大学経済学部の紀要である『獨協経済』118号（2024年9月発行）に掲載した論文「草加市障害福祉サービス事業所つばさの森との焼き菓子製造・販売にかかわる共創活動―ソーシャルビジネスとしてのゼミ活動の可能性について―」を、加筆修正のうえ本書に再掲したことをここに記しておく（第1章、第3章、そして第4章が該当）。

本書の出版が一つのきっかけとなり、つばさの森の理解者や支援者がさらに増えることを心より願っている。

2024年12月20日
クリスマスシーズンの東京スカイツリーを眺望できる
草加市一番町の研究室にて
高安健一

目　次

はじめに　　　　　　　　　　　　　　　　　　　　　　　　　　3

第1章　大学の地域連携と学生参加型活動の拡大　　　　　13

　はじめに　　　　　　　　　　　　　　　　　　　　　　　　14

　1. 大学の地域連携と学生参加　　　　　　　　　　　　　　　14

　　（1）パーパスの設定と社会インパクト　　　　　　　　　　14

　　（2）草加市民による獨協大学の認知　　　　　　　　　　　17

　　（3）学生参加型の地域連携の模索　　　　　　　　　　　　18

　　（4）学生のアイデアに耳を傾けるべき理由　　　　　　　　20

　2. つばさの森プロジェクトに生きた地域連携 PBL の蓄積　　22

　　（1）プロジェクト型課題解決学習（PBL）に取組む　　　　22

　　（2）ソーシャルインクルージョン（社会的包摂）に関連する活動　23

　　（3）食をテーマにした PBL の実践　　　　　　　　　　　25

　　（4）バリューチェーン構築の経験　　　　　　　　　　　　28

　3. プロジェクトを始めるにあたって留意すべき点　　　　　　29

　　（1）取材を忘らない　　　　　　　　　　　　　　　　　　29

　　（2）どうやってを考える前に、なぜと誰のためにを問う　　30

　おわりに　　　　　　　　　　　　　　　　　　　　　　　　31

第2章　つばさの森の紹介とマドレーヌ製造に取組む利用者　33

　はじめに　　　　　　　　　　　　　　　　　　　　　　　　34

　1. 事業内容　　　　　　　　　　　　　　　　　　　　　　　34

　　（1）基本情報　　　　　　　　　　　　　　　　　　　　　34

　　（2）製菓班について　　　　　　　　　　　　　　　　　　42

　　（3）焼き菓子　　　　　　　　　　　　　　　　　　　　　46

（4）販売活動　　　　　　　　　　　　　　　48

（5）利用者の工賃　　　　　　　　　　　49

2. 製菓班の課題　　　　　　　　　　　　　51

（1）新商品の開発と販売　　　　　　　51

（2）知名度向上につながる広報・SNS の活用　52

（3）業務プロセスの見直し　　　　　　　53

おわりに　　　　　　　　　　　　　　　　　53

第3章　マドレーヌが紡ぐ共創活動　　55

はじめに　　　　　　　　　　　　　　　　　56

1. 共創活動の始まり　　　　　　　　　　　57

（1）経緯　　　　　　　　　　　　　　57

（2）学生と職員の初めての打ち合わせ　　58

2. 具体的な取組み　　　　　　　　　　　　60

（1）商品開発　　　　　　　　　　　　60

（2）つばさの森の知名度向上　　　　　63

（3）リーフレットの制作　　　　　　　65

3. 獨協大学のフードシステムを活用した販路拡大　70

（1）販売市場としての特徴　　　　　　70

（2）社会貢献活動　　　　　　　　　　72

（3）草加市のフードシステムとの繋がり　72

4. 新聞 3 紙が伝えた共創活動　　　　　　　73

（1）『埼玉新聞』（2023 年 1 月 24 日付）　74

（2）『東武よみうり新聞』（2023 年 7 月 3 日付）　75

（3）『東京新聞』（2023 年 9 月 26 日付）　75

5. 共創活動の成果　　　　　　　　　　　　76

おわりに　　　　　　　　　　　　　　　　　78

第4章　ソーシャルビジネスとしての学生参加型の共創活動　81

はじめに　82

1. 大学の地域連携とソーシャルビジネス　82

（1）アクティブラーニングと連動させた取組み事例　82

（2）ソーシャルビジネスと利益追求　83

（3）共創活動の特徴　83

2. 円滑な「連携」に必要なこと　89

3. ゼミ活動のソーシャルビジネスとしてのポジショニング　91

4. 獨協大学のパーパスと草加市における SDGs 推進活動　92

（1）地域連携の基盤整備　92

（2）展望　94

おわりに　96

第5章　プロジェクトを終えて〜学生の視点・つばさの森の職員の視点〜　97

はじめに　98

1. 学生の視点　98

2. つばさの森の職員の視点　112

3. 普通と括りについて考える　117

（1）「普通」って何だろう　117

（2）「括り」って何だろう　118

おわりに　119

第6章　学生と地域のコラボを推進するために〜教員の視点〜　121

はじめに　122

1. 学生に期待するのはボランティア活動、それとも地域課題解決のための活動？　122

（1）コラボ案件の入口での整理　　　　　　　　　　122

（2）地域主体による大学がもつ関連情報の収集　　　124

（3）3つの関門（スケジュール調整、移動手段の確保、
　　コミュニケーション・ツール）　　　　　　　　125

2.大学による情報の受発信とコーディネーション機能の充実　126

（1）情報受発信機能　　　　　　　　　　　　　　127

（2）コーディネーション機能　　　　　　　　　　128

（3）コラボ案件チェックリストの活用　　　　　　129

3.学生とのコラボを成功に導く環境整備と学生の能力の活用　130

（1）アイデアが生まれやすい環境を整える　　　　130

（2）学生のリサーチ力を活用する　　　　　　　　134

（3）コンテンツの作成力と発信力　　　　　　　　135

おわりに　　　　　　　　　　　　　　　　　　　　137

おわりに　　　　　　　　　　　　　　　　　　　139

1.地域連携の推進に必須の大学とセンスと胆力　　139

2.地域で問うSDGsの理念「誰一人取り残さない」の意味　141

3.SDGsの先導役としての学生　　　　　　　　　　142

4.つばさの森と学生が紡ぐ地域の糸　　　　　　　144

プロジェクト参加学生一覧　　　　　　　　　　　146

《参考文献》　　　　　　　　　　　　　　　　　147

装幀　2DAY

第 1 章

大学の地域連携と
学生参加型活動の拡大

はじめに

　学生参加型の社会（地域）連携への取組みが注目されている。理工系学部では地域の企業と連携を進めるなかで、テクノロジーを活用した社会実装に加えて、ベンチャー企業やスタートアップ企業が誕生している。医学部では、公衆衛生学分野などにおいて、地域住民の健康の維持・向上などを目的とする学外実習が充実しつつある。学外での学修活動を必ずしも必要としない社会科学系（経済）学部において、学生主体の地域連携をどのように組み立てたらよいのだろうか。

　本章では、まず、大学がパーパスや社会インパクトを勘案した方針を地域と共有する必要性について述べたうえで、獨協大学が地域の方々にどのように認識されているかを示し、地域の課題解決に学生のアイデアが求められていることを指摘する。次に、高安ゼミが展開してきた「プロジェクト型課題解決学習」（PBL：Project-Based Learning）のなかから、食、草加市の3大伝統産業（草加せんべい、草加本染、皮革産業）、そしてソーシャルインクルージョン（社会的包摂）にかんする活動を紹介する。これら3分野のPBLの経験がつばさの森との共働活動を円滑に進める基盤になった。

1. 大学の地域連携と学生参加

（1）パーパスの設定と社会インパクト
　大学の主な役割は、教育、研究、そして社会（地域）貢献の

3つである。図表 1-1 が示しているように、近年、企業がその存在意義を自ら問う際に、パーパスの概念を用いる例が増えている。社会や地域における自社の存在意義を明確にしたうえで、ミッションやビジョンなどを構築する思考パターンである。地域貢献が以前にも増して求められる時代にあって、大学も自らのパーパスについて議論すべきである。

図表 1-1　パーパスの概念図

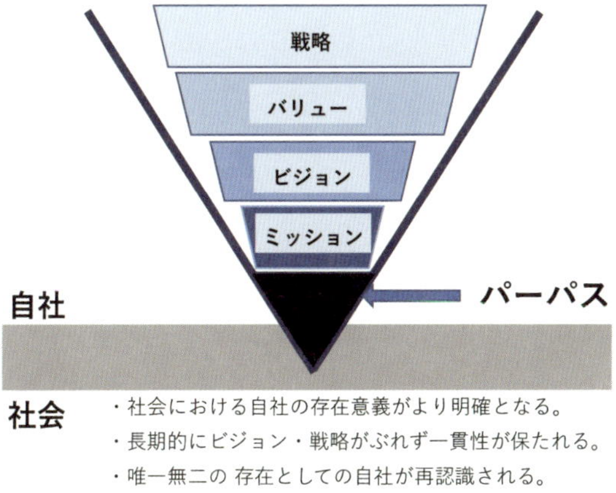

戦略
バリュー
ビジョン
ミッション

自社　　　　　　　　　　　　　　パーパス

社会　・社会における自社の存在意義がより明確となる。
　　　・長期的にビジョン・戦略がぶれず一貫性が保たれる。
　　　・唯一無二の 存在としての自社が再認識される。

（出典）伊吹英子・古西幸登（2022）p.16 掲載の図表 1-3 より抜粋。

　大学においてミッションに相当するのは建学の精神なり理念であろう。ミッションを推進する主体は大学の構成員（学生や教職員など）である。ビジョンは構成員を対象に示された、実現すべき大学の将来像である。これに対してパーパスは、大学の構成員のみならず学外の人々を包摂する概念であり、社会における大学のあり方や目標を示す。大学は社会を構成する一員であり、いずれかの自治体に立地しているがゆえに、パーパスを学内外で共有する必要がある。

　大学は、好ましい「社会インパクト」を生み出すことを期待

されている。世界大学ランキングを公表しているイギリスの高等教育専門誌「Times Higher Education」に、世界125の国・地域から過去最多の2,152校を対象に集計した「THE インパクトランキング（2024年）」が掲載された（総合ランキング対象は1,963大学）[1]。これは国連の持続可能な開発目標（SDGs：Sustainable Development Goals）に掲げられた17の目標と169のターゲットへの貢献度を加味して作成されている。日本から88大学が参加した（総合ランキング対象は74大学）。

　残念ながら、筆者が勤務する獨協大学はTHE インパクトランキングに参加していない。日本経済新聞社が発行する『日経グローカル』（2023年11月6日号）に掲載された「大学の地域貢献度調査」に、全国765大学のうち518大学（国立79校、公立81校、私立358校）が回答した。隔年実施される同調査によると埼玉県草加市にキャンパスを構える獨協大学の順位は、2019年の189位から2021年に175位へ、そして2023年に139位へ上昇した。2021年に埼玉県SDGsパートナー制度に登録したのを皮切りに、SDGs推進連絡会を発足させて啓発活動に取り組んだことが[2]、SDGs関連項目のスコアの改善に繋がった。

　大学はすべてのSDGsの目標を同時に達成できるだけの経営資源を持っていない。地域や社会への影響を踏まえたうえで、大学としてモダリティ（重点項目）を選定する必要がある。言うまでもなく、それは教育研究活動と密接に関連するものでなければならない。

---

[1] THE インパクトランキング（https://japanuniversityrankings.jp/topics/00260/）（2024年7月14日最終アクセス）。

[2] 獨協大学のSDGs推進体制整備については、高安（2022）に詳しい。

第1章　大学の地域連携と学生参加型活動の拡大

（2）草加市民による獨協大学の認知

　草加市民は獨協大学にいかなるイメージを持っているのだろうか。市民が好感を持っているほど、大学のパーパスが学外に浸透し、学生参加型の地域連携が円滑に進もう。

　草加市が隔年実施している『草加市民アンケート調査』のなかに、「あなたが、草加市の自然・歴史・文化・産業・生活環境等で自慢できるもの、誇れるものは何ですか。（○は３つまで）」を尋ねる質問がある。15ある選択肢のなかに「大学等高等教育研究機関があること[3]」が含まれている。獨協大学は市内に立地する唯一の大学である。

　図表1-2が示す通り、令和４年度調査では、1,810人の回答者のうち12.8％が「大学等高等教育機関があること」を選択した。草加市を構成する10地区の回答を確認すると、獨協大学が立地する草加安行地区の回答率は20.5％ともっとも高い。この回答率は、2024年に創立60周年を迎えた獨協大学が、地域住民にとって自慢できる、誇れる存在になりきれていないことを示しているとも解釈できよう。

　ちなみに、15の選択肢のなかで、市民の支持をもっとも多く集めたのは「草加せんべい、皮革産業、浴衣等の伝統産業」の58.6％であった。高安ゼミでは、2020年度から2024年度にかけて、草加せんべい（２回）、皮革産業（２回）、草加本染（１回）にかんするPBLを実施した。草加市民がもっとも自慢でき、誇りをもっている伝統産業と学生を組み合わせた活動である。

---

[3] 高等教育機関は、大学、高等専門学校、専門学校（専門課程を置く専修学校）などで構成される。

図表 1-2 「大学等高等教育機関があることが自慢できること、誇れること」と回答した草加市民の割合

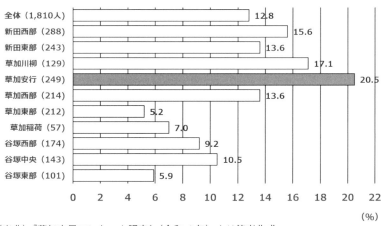

(出典)『草加市民アンケート調査』(令和4年) より筆者作成。

(3) 学生参加型の地域連携の模索

中塚雅也氏と小田切徳美氏は、工学や農学などの領域で大学が産学連携の一環として地域連携に関わることが以前からみられたのに対し(産学連携的地域連携)、現状では文系学部を含めて、ほぼすべての分野で地域連携が実践されている原理として、「若者の拠点」としての大学の特性があることを指摘している[4]。

獨協大学の地域貢献活動は教職員を中心に、調査研究成果の還元、草加市が主催する各種委員会への教職員の派遣、共同プロジェクトの実施、講演会講師の派遣、自治体職員の大学研究所への招聘、地域住民を対象にしたオープンカレッジの開催な

---

[4] 中塚・小田切 (2016) p.6。

どの分野で行われてきた。[5]他方で、若者の拠点としての大学の特性を考えたとき、本学の学生と地域との関わりは、活発とはいえない。2023年3月に大学近隣の所有地に地域交流の拠点となる獨協大学コミュニティスクエアが竣工したこともあり、大学として今後増加が予想される学生の地域貢献活動を支援する体制を整備する必要性があることは間違いない。

大学が立地する地方自治体には、学生の地域活動への参加を期待する理由がある。少子高齢化により人的資源としての若者の希少価値が高まっている。草加市としても、学生の市政への参加促進は検討に値する政策課題であろう。同市の人口（住民基本台帳人口）は2024年1月1日現在251,219人であり、そのうち19歳から22歳は計10,609人で総人口の4.2%に相当する。[6]それをやや下回る約8,500人が獨協大学で学び、およそ1,900人の地方出身者が近隣に居住している。そして、多くの学生が市内で消費活動をし、アルバイトとして地域経済を支えている。

人手不足や若者不足が、こども食堂、高齢者見回り、そしてゴミ拾いなどのボランティア活動に加えて、スポーツ推進委員、学生消防団活動、災害ボランティア登録、学童保育の補助員などの分野で顕在化しているのではないだろうか。学生のそうし

---

[5] 獨協大学の地域貢献については、獨協大学ウェブサイト「地域の方へ」（https://www.dokkyo.ac.jp/community/）（2024年7月14日最終アクセス）。草加市と獨協大学の連携については、草加市役所ウェブサイト「獨協大学との連携について」（https://www.city.soka.saitama.jp/cont/s1201/030/020/030/010/a06_01.html）に詳しい（2024年5月15日最終アクセス）。

[6] 草加市ウェブサイト「年齢別男女別人口表（町名別詳細）」（https://www.city.soka.saitama.jp/cont/s1301/030/020/010/030/03.html）より算出（2024年5月15日最終アクセス）。

た分野への参加は歓迎されよう。その他にも、調査研究活動の地域への還元、隠れた観光資源の発掘、SNS（ソーシャル・ネットワーキング・サービス）を用いた地域情報の発信なども、地方自治体が学生に期待する分野であろう。

（4）学生のアイデアに耳を傾けるべき理由

　筆者は草加市在住の方から、「発想がマンネリ化して新しいアイデアがなかなか出てこない、ついては学生の斬新なアイデアに期待したい」という声を幾度となく聞いた。確かに、同じ業務に長年従事することで専門性が高まる一方で、新しい発想やアイデアに接する機会が減少することは起こりえる。

　多様な経験や背景をもつ学生が集まると、社会人が思いつかないアイデアを生み出す可能性がある。獨協大生の出身地は、47 都道府県を網羅する。出身地により、地理的条件、自然環境、産業構造、人口動態、文化、特産品、地域が抱える課題などは異なる。大学生が所属する部活サークル活動の種類は、放送、広告、写真、手話サークル、ボランティアサークルをはじめ多彩であり、得意分野や特技をもつ学生は多い。学生がアルバイトやインターンシップを通じて社会と接点をもつ機会は増えている。学園祭などを運営した経験のある学生も相当数いる。

　SDGs にかんする知識や実践経験は、学生が大人世代よりも圧倒的に勝っている。小中高校での学習指導要領の改訂にともない、SDGs に関連する調べ学習や探究学習の機会は着実に増えている。SNS の習熟度や発信力、スマートフォンの活用などでも学生は優位に立つ。新型コロナウイルス感染症（Covid-19）が流行して以降、原則として一人一台 PC を保有しており、いつでも、どこでもインターネットで情報検索がで

きる。編集ソフトの高度化と低価格化が同時進行しており、動画編集や冊子作製が身近になっている。

　学生は新しい知識や情報を大学で獲得できる。大学生は２年生までに、昔で言うところの教養課程の履修を終える。筆者がコーディネーターを務める全学総合講座「新聞記者と学ぶ現代経済：SDGs 未来講座」は、初年次教育で SDGs を学ぶ機会となっている[7]。獨協大学経済学部では、２年生から専門科目の履修、そしてゼミ活動が始まる。語学が得意な学生は海外情報の獲得に優位性を持ち、短期留学を経験する学生も少なくない。課題発見やプレゼンテーションにかんする授業を履修している学生も多い。

　地域活性化の一つの手段として、学生が生み出すアイデアを活用することは有益である。全国で数えきれない数の学生アイデアコンテストが実施されている。荒削りであるけれども、先入観や固定観念にとらわれないアイデアへの需要は旺盛である。社会人は、企業を構成する部課室ごとに割り振られた権限や上司の意向などを咀嚼して、無難だが新鮮味に欠ける企画を再生産していないだろうか。こうした構図のもとでは、課題解決のためのアイデアは生まれにくい。学生の方が社会人よりも、忖度することなく、目的から逆算して課題解決策を考えることができよう。

---

[7] 高安（2024b）参照。

2. つばさの森プロジェクトに生きた地域連携 PBL の蓄積

(1) プロジェクト型課題解決学習 (PBL) に取組む

　筆者が獨協大学経済学部に着任した 2009 年度より、高安ゼミは数多くの PBL に取り組んできた。今振り返ると、その過程で、つばさの森とのプロジェクトを円滑に進めるためのノウハウを蓄積することができたように思える。とりわけ、ソーシャルインクルージョン（社会的包摂）に関連する PBL、食にかかわる PBL、そしてリサーチから販売にいたるバリューチェーンを構築する PBL の 3 つを経験できたことが役に立った。

　獨協大学経済学部では、ゼミ（演習）は 2 年生から 4 年生まで 3 年間必修である。高安ゼミの研究テーマは「開発経済学：SDGs 時代の理論と実践」である。2 年次にはテキスト輪読に取組み、3 年次にチームを組成して 10 カ月をかけて学生が自ら課題を見つけ出して解決策を導きだす PBL を実施している。2009 年度から 2024 年度までの間に合計 61 の PBL に取組んできた。2020 年に新型コロナが流行してから遠方での調査が困難になったため、地域の課題に目を向けるようになった。4 年生は卒業研究論文の執筆に専念する。

　PBL では、ゼミ生は主体的に考え、行動することを求められる。教員 1 名で、2 年生から 4 年生まで総勢 57 人を、卒業研究論文を含めて懇切丁寧に指導することは不可能である。高等学校では教員と生徒は毎日のように顔を合わせる。大学では、教員とゼミ生が同じ教室で授業をするのは年間 28 回（1 回の授業は 100 分で計 46.6 時間）ほどである。教員は、プロジェ

クトの立ち上げ期とアウトプット期を除くと進捗チェックで精一杯である。ゼミ生は自ら考え、動いてプロジェクトを進めるしかない。

（2）ソーシャルインクルージョン（社会的包摂）に関連する活動

　高安ゼミとつばさの森の接点は、2022年10月に焼き菓子の製造・販売にかんするコラボの話が浮上するまでまったくなかった。筆者はつばさの森という施設名すら知らなかった。その一方で、障がい者や特別支援学校との接点はあった。このため、障害福祉サービス事業所と聞いてとくに身構えることはなかった。

　吉國陽一によると、1980年代末から1990年代初頭にかけてインクルージョンという言葉が欧米を中心に用いられるようになったという[8]。ソーシャルインクルージョン（社会的包摂）の反対の概念はソーシャルエクスクルージョン（社会的排除）である。

　　インテグレーションは障害児（者）を健常児（者）と分離せずに社会に受け入れることに重点を置くのに対し、インクルージョンは障害児（者）に限らず社会から排除されてきたあらゆる人を包摂する社会を創ることを強調する。インテグレーションにおいては、既存の社会のなかに障害児（者）を適応させる傾向にあったのに対し、ソーシャル・インクルージョンは障害児（者）に限らず多様なニーズのある人々を排除しないような社会の構築を目指した[9]。

---

[8] 吉國（2024）p.30。
[9] 同上。

高安ゼミは、草加市内でソーシャルインクルージョンに関連する経験を2つしていた[10]。1つは、草加市が東京パラリンピック2020競技大会に関連して、ホストタウンとしてコロンビア共和国パラリンピック水泳選手団を受入れた際の支援活動である[11]。草加市スポーツ振興課と連携しながら2016年度に東京2020チーム（7期生）、2018年度に埼玉レガシー2020チーム（9期生）、2019年度にPlastic Free Club2020チーム（10期生）が気運醸成事業などに取り組んだ。2019年にはゼミ生（11期生）が草加市を訪れた選手団にインタビューをするとともに、記念アルバムを選手一人ひとりに手渡したり、草加市主催の選手激励会に出席するなどした。経済学部の教員である筆者が草加市オリンピック・パラリンピック推進委員会の委員を務めた（任期は2019年11月〜2022年3月）。

　もう1つは、獨協大学から徒歩10分ほどのところに立地する埼玉県立草加かがやき特別支援学校との交流である。2021年9月14日にSDGs×獨協大生×草加せんべいチーム（12期生）が、コロナ禍であったため遠隔授業システムを用いて高等部の生徒にSDGsにかんするセミナーを行った。ゼミ生は市内でSDGsに取り組んでいる事例を探しているうちに、同校でリサイクル班・紙工芸班・木工班・食品加工班に分かれ作業学習が行われていることを知った。担当教員より、生徒がこの作業

---

[10] 山崎（2022）p.18。埼玉県東松山市において、福祉、医療、教育の進展を観察してきた山崎晃史はインクルージョンを、「障がいの有無にかかわらず共に生活し、学び合うことを当然とする『共生』の発想を前提に、多様な相互交流が日常的に行われる『共同学習』、『場の統合』や『参加』と、一人ひとりのニーズに寄り添う『合理的配慮』を実現するために、創意工夫を蓄積する過程である。」と整理している。

[11] 詳細は高安（2023）の第3章と第4章を参照。

学習がSDGsに貢献していることに気がついて欲しいとのお話を聞き、SDGsセミナーをオンラインで実施することを決めた。

その後同チームは2022年12月に同校を訪れて、対面で小学部の生徒を対象にSDGsにかんする授業を行った。3年生（13期生）の3人が2024年2月に、やはり小学部の生徒に同様の授業を実施した。さらに、同月に、獨協大学と同校のほぼ中間に位置する獨協大学コミュニティスクエアで、高等部の生徒が紙漉きなどのワークショップを開催した際に、ゼミとして協力した（2025年2月にも実施予定）。なお、獨協大学は、高等部の生徒が作ったパンの構内での販売、清掃班による窓拭き作業などの機会を提供している。

（3）食をテーマにしたPBLの実践

食分野は、学生が地域連携にかかわる企画を進める際に、ハードルが比較的低い。食は人間が生きるための必需品であり、日常的に生産、加工、購入、消費のサイクルが繰り返されている（フードシステム）。全国的に、食品ロス削減への取組みが広がり、フードバンク[12]やこども食堂[13]が急増している。地元

---

[12] 農林水産省のウェブサイトによると、同省の「フードバンク活動団体一覧」に掲載されている団体は2024年5月14日時点で272である（https://www.maff.go.jp/j/shokusan/recycle/syoku_loss/foodbank.html）（2024年5月15日最終アクセス）。草加市内では草加商工会議所がコミュニティフリッジ（公共冷蔵庫）を運営しており、2022年度に彩の国埼玉環境大賞を受賞した。

[13] 認定NPO法人全国こども食堂支援センター・むすびえが発表した「2023年度こども食堂全国箇所数調査結果」（2023年12月速報値）によると、こども食堂の数は全国の公立中学校と義務教育学校の数を合わせた9,296箇所校とほぼ同じ9,131箇所に増加した（https://musubie.org/news/7995/）（2024年5月15日最終アクセス）。草加市内のこども食堂の数は2023年9月1日時点で13である（https://www.city.soka.saitama.jp/cont/s1601/010/010/070/PAGE000000000000068331.html）（2024年5月15日最終アクセス）。

で収穫された農産物が学校給食などで提供される事例も多い。[14]都市農業の振興により、都市部においても市民が農業に触れる機会を確保できる。[15]

　大学生による食分野での地域連携の事例が数多く報告されている。例えば『日本経済新聞』に 2024 年 3 月末まで連載されていた「キャンパス発　この一品」のコーナーでは、全国の大学生が地域の食材を使って開発した商品が数多く取り上げられた。筆者のゼミが取り組んだ草加せんべいの商品開発にかんする記事が 2021 年 3 月 3 日に掲載された。

　筆者のゼミでは、13 のチームが食関係のテーマに取り組んできたことが、マドレーヌの商品開発や販売に役立った。獨協大学は外国語学部・国際教養学部・経済学部・法学部の文系 4 学部で構成される大学であるため、市場で食を提供するための人材や生産技術・設備をもたない。このためゼミ生は商品企画、販売、ブランディング、広告などに軸足を置いて、社会課題解決を目指す活動を展開してきた。

　図表 1-3 は、高安ゼミが取り組んできた食関係の PBL の概要を、大学キャンパス、草加市、埼玉県、そしてアジアという 4 つの活動範囲に分けて整理したものである。学生をターゲットにキャンパスで活動したのは、スパイスカレーの普及により学生の食品ロス削減を狙った Zero Food Waste チーム（9 期生）、学食で野菜中心のメニューを提供することを通じて学生

---

[14] 草加市内の小中学校では、教育委員会の方針もあり、地元で収穫された野菜が給食に積極的に使用されている。草加市立花栗中学校は給食における食品ロス削減運動が評価され、2022 年度に消費者庁長官賞を受賞した。
[15] 草加市は 2015 年度に「都市農業振興基本法」を公表し、都市農業を積極的に推進する方針を明らかにした。

の健康改善を目指したベジノミクスチーム（10期生）、給水器の普及によるペットボトル（プラスチック）削減に取り組んだ Oasis Dokkyo チーム（13期生）である。

図表 1-3　高安ゼミが取り組んできた食関係の PBL 一覧

範囲	実施年度	チーム名	ターゲット	活動概要	連携先	SNSの利用	アンケート実施	アウトプット	メディア掲載
大学キャンパス	2018	Zero Food Waste チーム	学生	スパイスカレーを使った若者の野菜廃棄の削減	水野仁輔氏（カレー研究家）、草加市廃棄物資源課	×	○	エコプロ2018出展、冊子作成、草加農業祭参加	大学新聞、消費者庁ウェブサイトに論文掲載
	2019	ベジノミクスチーム	学生・教職員	学生の野菜摂取量の増加と野菜食べ残し削減	カゴメ株式会社、学生食堂運営会社、獨協大学父母の会	×	○	冊子作成	読売新聞
	2022	Oasis Dokkyo チーム	学生・教職員	キャンパスにおける給水器の設置とプラスチック削減啓発活動	獨協大学父母の会	○	○	リーフレット、ポスター作成	J:COM
草加市	2020	eat草加せんべいチーム	草加市民	商品開発（破棄される割れせんべいを使った若者市場の開拓）	まるそう一福	○	○	リーフレット作成、SOSOPARKでの販売活動	広報そうか
	2021	獨協大生×SDGs×草加せんべいチーム	草加市民	草加煎餅の製造過程で破棄される米ぬかと廃油を使った石鹸製造と販売	まるそう一福、埼玉県立草加かがやき特別支援学校	○	○	冊子作成	ちいき新聞
	2021	多様性野菜レスキュー隊	草加市民	規格外野菜の流通促進のためのサプライチェーンの見直し。消費者の需要拡大策の模索	農家、スーパーゼンエー、市内飲食店5軒	○	○	リーフレット、冊子作成。エコプロ2022出展	読売新聞、ラジオ、NHK総合テレビ、Forbes等
	2022〜24（継続中）	チームつばさの森（2023年度、2024年度）	学生・教職員、大学近隣住民	つばさの森の焼き菓子の売上増、知名度向上、利用者の工賃確保など	つばさの森	○	○	マドレーヌの商品開発。リーフレット、表記シール、ポスターの制作	埼玉新聞、東武よみうり新聞、東京新聞
	2023	まつばら避難所リサーチ隊	大学近隣の子育て世代	防災食	草加市危機管理課、ママ防災	○	○	防災イベント開催、冊子作成	J:COM。冊子が草加市の子育て応援・情報サイトに掲載
埼玉県	2023	もったいないベジーず	埼玉県民	食品ロス削減啓発活動	埼玉県担当部署、県内企業、料理研究家など。	○	×	冊子作成、大学近隣で開催のWell Fesで配付	冊子が埼玉県のウェブサイトに掲載予定
アジア	2011	BOPビジネスチーム	インドネシアの妊産婦	妊産婦による、ひじき摂取の促進	-	×	○	報告書提出	-
	2016	参加型開発チーム	インドの小中学生	歌とダンスを使った小中学生の手洗い促進	現地小学校、現地受入機関	×	○	学生懸賞論文執筆。JICA地球広場、グローバルフェスタJAPANにて発表	
	2017	食育チーム	タイの子ども達	咀嚼を使った子どもの肥満予防	大手菓子メーカー、日系企業	×	○	学生プレゼン（インナー）大会に出場	
	2019	フィリピンデンタルエデュケーションチーム	フィリピンの小学生	正しい歯磨きの仕方を身に付けることによる疾病予防	歯科医師、大手医薬品企業、現地小学校	×	○	JICA地球広場で発表	

（出典）高安（2024c）p.36。

　草加市民をターゲットにしたプロジェクトは、草加せんべいの新商品を提案して販売した eat 草加せんべいチーム（11期生）、草加せんべいを製造する過程で出る廃油や米ぬかを使って石鹸を製造・販売した獨協大生× SDGs ×草加せんべいチーム（12期生）、規格外野菜の活用を飲食店などに提案した多様

性野菜レスキュー隊（12期生）、大学近隣地域の子どものいる世帯を対象に防災食にかんするイベントを企画・運営したまつばら避難所リサーチ隊（14期）、そして本書で取り上げたチームつばさの森（14期生と15期生、2022年度より継続中）である。もったいないベジーず（14期生）は、埼玉県の農産物を使用したフードロス削減レシピを冊子にまとめた。アジアで現地調査を実施したチームは4つある。

（4）バリューチェーン構築の経験

　食にかんするPBLに取り組んだ13チームのうち、商品の開発から販売まで携わったのは、eat草加せんべいチーム、獨協大生×SDGs×草加せんべいチーム、そしてチームつばさの森の3つである。そして、後述の草加の伝統産業に関わるPBLと相まって、バリューチェーンを構築するノウハウを蓄積してきた。バリューチェーンとは、後掲の表4-2が示すように、リサーチ、デザイン、商品開発、製造、販売、広報などの一連のプロセスで成り立っている。どれが欠けても、商品は消費者に届かない。

　高安ゼミでは、先輩のPBL関連のファイルがクラウド上に保存されており、後輩はそれらを活用できる。こうしたこともあり、商品の開発や販売に短期間で対応することが可能になった。販売活動をした場所は、草加駅東口のSOSOPARK、草加マルイ、大学近隣で開催されるマルシェであるPICNIGOOD、マルシェエキマエ谷塚、隅田川マルシェ、草加市文化会館伝統産業展示室ぱりっせなどに拡大した。

　バリューチェーンにかかわるノウハウの蓄積には、草加の伝統産業である草加本染及び皮革産業との共働も有益であった。

草加本染 LOVERS（13 期生）は、デザイン、型彫りから、冊子製作、販売、広報までを自らの手で行った。熟練技が必要な染めの工程は埼玉県伝統工芸士の昼間時良氏にお願いした。SOKA LEATHER SAVΘR（14 期生）は、そうか革職人会のご支援を受けて、UNISOLE（ユニソレ）と名付けたオリジナルブランドを立ち上げた（2024 年に商標登録）。同チームもデザイン、素材の選定、配色選び、型抜き、組立て、縫製、販売、冊子製作、広報のバリューチェーンを自ら手掛けた（専門技術が必要な工程はそうか革職人会の会員企業にお願いした）。

3. プロジェクトを始めるにあたって留意すべき点

（1）取材を怠らない

　地域のニーズを掘り起こすためには、専門家や当事者に話を聴き、現場を訪れる取材が絶対に欠かせない[16]。これなしには課題の的確な設定は難しい。課題を適切に設定できないと、プロジェクトは想定どおりには進まない。

　インターネットで検索した情報だけに頼り、頭の中で考えたアイデア（＝思いつき）は実態を反映していない。誰かのフィルターをとおした 2 次情報でしかない。また、ある時点で的確であった課題が、時間の経過とともに実態とあわなくなることもある。あるいは、プロジェクトの過程で別の課題の方がより重要であることに気づくかもしれない。

---

[16] 具体的な取材方法については、日本経済新聞社の記者と執筆した、高安（2024b）に詳しい。

草加市のように人口が 25 万人強で、面積が 27㎢ほどの自治体であれば、取材先を見つけることはさほど難しくない。仲介者や市内の事情通を介して会うべき人物に巡り会うことは十分に可能である。

　つばさの森とのプロジェクトの場合は、第 3 章で述べるように、初期段階で事業所を訪れ、直接担当職員からお話を聴くとともに、施設を見学した。これにより学生は課題を整理することができたのである。

（2）どうやってを考える前に、なぜと誰のためにを問う

　時々、課題の解決方法をしっかりと考えることなくさっさとプロジェクトを終らせようとする学生がいる。どうやって（how）を考える前に、なぜその課題が重要で、その解決が誰のどのような状況を改善できるのかを深く思考すべきである。どうやっての部分のみに集中すると、プロジェクトの途中でそれが誰の役に立つのかが曖昧になる。つばさの森とのプロジェクトの場合は、第 3 章で解説するように、利用者の工賃を維持するために、商品開発や販売活動を改善するという構図が明確であった。

　第 4 章で述べるソーシャルビジネスの場合は、課題を見つけてからその解決方法を構築する手順を踏む。地域連携型 PBL は、目的を達成するための手段に過ぎない。教科書的な手順にとらわれるのではなく、目的や状況の変化に鑑みて柔軟に対応すべきであろう。

　教員の役割は 2 つある。一つは、プロジェクトが長期の視点から誰のどのような状態を改善することに繋がるのかを、学生に問い続けることである。もう一つは、調査研究手法（アン

ケート、インタビュー調査、資料収集、報告書作成方法、組織マネジメント等々）を学ぶことの重要性を繰り返し指摘することである。

おわりに

　筆者は獨協大学においても、学生ボランティア活動の裾野が広がるべきだと考えている。獨協大生が取り組んできたボランティア活動───ゴミ拾い、子ども食堂の手伝い、フードバンクやフードドライブ支援、外国人の子どもへの日本語教育、高齢者支援、防災・減災ボランティア───などを社会的に意義のある取組みとして高く評価している。

　その一方で、地域の方々、あるいは団体から、高安ゼミからボランティアを派遣して欲しいと依頼されることに戸惑うことがある。ゼミは教育研究活動の場でありボランティア活動の場ではない。もちろん自分の意志でボランティアに参加する学生は素晴らしい。

　地域の課題を深耕して解決策を導き出すことは決してやさしい行為ではない。アイデアを思いつくまでの葛藤は相当なものであり、ゼミ生は膨大な時間を費やしている。アイデアの実現可能性や効果を確認する必要がある。SNS の時代においては、善意で取り組んだ行動に想定外のネガティブな反応が寄せられる展開も起こりえる。既存の制度なりルールを変更することを快く思わない人もいよう。

第2章

つばさの森の紹介と
マドレーヌ製造に取組む利用者

はじめに

　本章の目的は、つばさの森について多くの方々に広く知っていただくことである。以下では、つばさの森の基本情報、マドレーヌの製造に取り組んでいる製菓班の活動の様子、そして利用者の日常などを、職員から提供していただいた資料などをもとに記す。

1. 事業内容

（1）基本情報

　草加市障害福祉サービス事業所つばさの森（草加市・柿木町1105-2）は、社会福祉法人草加市社会福祉事業団によって運営されている。同事業団は、昭和63年12月27日に埼玉県知事より設立認可を受けた法人で、理事長は草加市長である。職員数は令和5年9月1日現在172名である。[17] 同事業団は、つばさの森の他に、養護老人ホーム、総合福祉センター、在宅福祉センター、地域包括支援センター、高年者福祉センター、障害者グループホーム、障害者総合支援センター、生活介護事業所などの施設を運営している。

　つばさの森は2024年に開所35周年を迎えた。草加市社会福祉事業団のウェブサイトに掲載されている、つばさの森の目的

---

[17] 草加市社会福祉事業団ウェブサイト（https://sswo.or.jp/information）（2024年5月15日最終アクセス）。

は次の通りである。

　つばさの森は、「生活介護事業」と「就労継続支援B型事業」を行っております。知的障がい者が社会参加・社会的自立に必要な知識、技能、態度等を通所しながら習得することを目的とし、一人でも多くの利用者が「翼」をいっぱいに広げ、社会に飛び立つことができるよう支援しています。[18]

写真2-1　つばさの森

（出典）つばさの森提供。

　つばさの森のウェブサイトに、同事業所が実施する「就労継続支援B型事業」は「雇用をされることが困難な方に、生産活動やその他の活動の機会を提供し、仕事に取り組む基本姿勢や習慣を身につけられるよう支援を行います。[19]」と記載され

---

[18] 草加市社会福祉事業団ウェブサイト「草加市障害福祉サービス事業所つばさの森」(https://sswo.or.jp/facility/tsubasa-no-mori)（2024年5月15日最終アクセス）。
[19] 同上（2024年5月15日最終アクセス）。

ている。

　草加市自立支援協議会就労支援部会が 2023 年 9 月に発行した「草加市事業所 MAP 〜『はたらきたい』を応援します〜」（第 3 版）によると、草加市には就労継続支援 B 型事業所がつばさの森を含め計 12 か所ある。それらのなかに、シフォンケーキ、自家製パン、手作りサブレ、チョコレートなど、食品の製造・販売を行っている事業所が含まれる。就労継続支援 B 型事業の利用者にとって、食品の製造・販売は貴重な収入源である。

　高安ゼミとつばさの森の共創活動は、就労継続支援 B 型事業における焼き菓子分野（製菓班）で展開された。つばさの森の利用者は 2024 年 4 月 1 日現在 66 人である。利用者の平均年齢はおよそ 47 歳、男女比はおおむね 7 対 3 である（就労継続支援 B 型事業のみでは、53 人、平均年齢 41 歳）。利用者のほとんどが草加市内から通所している。つばさの森から、一般企業等に巣立った利用者もいる。

　つばさの森の生産活動は、①受注作業、②自主生産品、③施設外作業の 3 つで構成されている。①は企業などから受注するもので、組立て作業（消しゴム、菓子箱、お灸、ゴム紐）、その他（水道メーター分解作業、自動販売機の管理）などである。②の自主生産には、マドレーヌなどの焼き菓子の生産、封筒や名刺の印刷などが含まれる。③の施設外作業には、獨協大学近隣の松原記念公園での清掃活動や物流会社での軽作業が該当する。

第 2 章　つばさの森の紹介とマドレーヌ製造に取組む利用者

図表 2-1　つばさの森の概要

1. 敷地面積は 4,433㎡ 延床面積は 1,334㎡ 建物は重量鉄骨造平屋建
2. 就労継続支援 B 型事業は定員 64 名
3. 生産活動の分類 　①受注作業 　　組立て作業：消しゴム、菓子箱、お灸、ゴム紐 　　その他：水道メーター分解作業、自動販売機の管理 　②自主生産品 　　マドレーヌなどの焼き菓子生産 　　封筒や名刺の印刷 　③施設外作業 　　松原記念公園での清掃活動、契約企業内での軽作業
4. サービス 　・手作り、出来立ての昼食の提供 　・クラブ活動（月 1 回） 　・季節の行事 　・健康診断（年 1 回） 　・家庭との連絡（連絡帳や電話連絡等） 　・工賃支給（基準により月 1 回） 　・期末手当支給（年 2 回）
5. 営業日・営業時間等 　・営業日：月曜日から金曜日 　・休業日：土曜日　日曜日　祝日 　　　　　　年末年始（12 月 29 日〜 1 月 3 日） 　・営業時間：午前 8 時 30 分から午後 5 時 15 分 　・利用時間：午前 8 時 30 分から午後 4 時

（出典）つばさの森提供資料などより作成。

製菓班を含む生産活動の作業内容は、利用者一人ひとりの障がいの程度や、その時々の心境、そして日々の気分などによって柔軟に変更している。もっとも重要なことは、利用者の気持ちや個性を尊重しながら、本人が納得して作業を選択し、取り組めるように工夫や配慮をすることである。利用者は、自分が得意な作業に取り組んでいるときに、生き生きとしている。これは、利用者に限らず、すべての働く人に当てはまるのではないだろうか。

　たとえば、Aさんは、水道メーター分解の作業が得意で力仕事も率先して行ってくれる。Bさんは、施設の中にお客様が来ると不穏になるが、施設外作業へ出かける環境を整え配慮をしたところ、作業に集中するようになり毎日穏やかになった。Cさんは、職員よりも包装の工程が丁寧で得意である。他にも集中力に優れていて、消しゴム組立の作業を連続1時間正確にやり続ける利用者もいる。

　・年間の活動・行事計画
　　　4月：入所式
　　　9月：つばさの森感謝祭
　　　11月：草加蕎麦商組合の皆さんとの交流会
　　　3月：お楽しみ会・お花見
　・月間スケジュール
　　　毎月2回：3B体操・空手体操
　　　毎月25日：工賃支給
　　　不定期：レイクタウン外出
　・1日のスケジュール
　（利用時間：午前8時30分～午後4時、お昼休み：午後0時～1時）

第2章　つばさの森の紹介とマドレーヌ製造に取組む利用者

写真 2-2　㈲釜屋商店様のお灸の組立て作業の様子

（出典）つばさの森提供。

写真 2-3　㈱イワコー様のおもしろ消しゴムの組立て作業の様子

（出典）つばさの森提供。

写真 2-4　利用者の制作物

（利用者が描いた絵で作成したカード）　（クラブ活動で作成した季節の装飾）

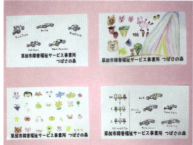 

（出典）つばさの森提供。

写真 2-5　公園清掃の様子

（出典）つばさの森提供。

写真 2-6　お花見の様子

（出典）つばさの森提供。

写真 2-7　つばさの森感謝祭の様子

「獨協大学フラ愛好会 Mehana」

（出典）つばさの森提供。

（2）製菓班について

　つばさの森の製菓班は、1999年に立ち上がった。焼き菓子のための製菓室は、かつてボランティア室だった場所を改装して作られた。

　製菓班に属している利用者は令和6年4月時点で13人、経験年数は3年から25年である。焼き菓子の製造に際して、利用者の特性に応じて工程を選び、職員が作業をサポートしている。工程は、①計量、②生地作り・型取り、③焼き、④冷まし、⑤包装の5つに大きくわけることができる。新商品を生産する場合は、それぞれの工程を調整する。

　製菓班を担当している職員の中村綾子氏によると、一般的な工場のレーンで同じ工程を繰り返す仕事であれば、普通に働ける利用者は結構いるという。高度な作業をしている利用者も働いている。製菓班ではないが、職員ができない消しゴムの組み立てのような細かい作業を精密機械のようにできる利用者も働いている。ただ、コミュニケーションをとることが上手ではない利用者、正確に計量することが苦手な利用者などがいるという。

第2章　つばさの森の紹介とマドレーヌ製造に取組む利用者

写真 2-8　マドレーヌの製造過程

（出典）つばさの森提供。

43

写真 2-9　製菓室内、洗い物作業の様子

（出典）つばさの森提供。

写真 2-10　マドレーヌ生地の流し込みの作業の様子

（出典）つばさの森提供。

第 2 章　つばさの森の紹介とマドレーヌ製造に取組む利用者

写真 2-11　マフィン・マドレーヌ焼上がり

（出典）つばさの森提供。

写真 2-12　焼き菓子の出来上がり

（出典）つばさの森提供。

45

（3）焼き菓子

　製菓班は2023年度に、総計56,916個の焼き菓子を生産した。利用者一人当り4,378個作った計算になる。同班が生産している21種類の商品は、定番商品、定番商品（プチシリーズ）、季節限定商品の3つに分けられる。21種類のうち、プチミックス（いちご×チョコ）、プチミックス（抹茶×プレーン）、米粉のクリームチーズ（プレーン）、米粉のクリームチーズ（いちご）、そしてチョコナッツの5つが、高安ゼミとのコラボが始まってから製品ラインナップに加わった。2023年の商品別の売上ランキング上位は、第1位チョコっとビッ栗マドレーヌ、第2位プレーンマドレーヌ、第3位メープルマドレーヌの順であった。商品はバレンタインギフト、ホワイトデーギフト、詰め合わせセットとしても販売されている。

図表2-2　つばさの森の製菓班が製造している商品

---

① 定番商品：

　プレーン、メープル、レモン、アップルティー、ご松菜、小松菜マフィン、抹茶、アーモンドコーヒー

② 定番商品（プチシリーズ）：

　プレーン、いちご、抹茶、プチミックス（いちご×チョコ）、プチミックス（抹茶×プレーン）

③ 季節限定商品：

　彩のマカローヌ、米粉のクリームチーズ（プレーン）、米粉のクリームチーズ（いちご）

　プチカボチャ、チョコっとビッ栗、チョコナッツ

第2章　つばさの森の紹介とマドレーヌ製造に取組む利用者

資料2-1　リニューアルした商品紹介カタログ（2024年6月現在）

（出典）つばさの森提供。

（4）販売活動

　つばさの森の販路は、その事業所に、草加市内6か所、越谷市内1か所の販売所を加えた計8か所である（他に、ファクシミリやe-mailでも注文を受付け、地方発送もしている）。草加市障がい福祉課が、つばさの森だけでなく他の団体についても販売する機会を作っている。埼玉県立草加かがやき特別支援学校（年3回）や、埼玉県立草加東高等学校（年9回）でも販売する機会がある。加えて、各種イベント、マルシェなどの機会をとらえて出店し、消費者に直販している。つばさの森の敷地に立てた幟を目にして訪れる人が増えているという。

　焼き菓子は、草加市のふるさと納税の返礼品として登録されている。これは継続的な支援者を獲得するための手段の一つである。しかし、いまのところつばさの森を選ぶ寄付者は限られているというのが実情である。2024年に草加市のふるさと納税のサイトに、つばさの森の新しい紹介ページが掲載された。寄付のカテゴリーは、社会貢献型である。

　販売活動について、社会貢献の一環として購入する消費者を引き続き大切にしつつも、美味しいから購入する消費者を増やす努力も必要である。近年、美味しいから事業所に買いにきた、美味しいから販売にきて欲しいという引き合いが寄せられるようになった。まずは焼き菓子を多くの方に食べていただくことが、受注増への第一歩になろう。

（5）利用者の工賃[20]

　就労継続支援 B 型事業の利用者の工賃は、商品の売り上げと連動する。中島隆信氏によると、同事業の工賃は、「障害者が施設で働いて得た収入から原材料費や光熱費などを差し引いた残りを障害者だけで配分したもの」である。

　図表 2-3 は、全国の就労継続支援 B 型事業所における平均工賃（月額）の推移を示している。2022 年度の工賃は 17,031 円であった。2020 年度の落ち込みは新型コロナウイルス感染症の流行による[21]。

　就労継続支援事業には A 型もある。厚生労働省のウェブサイトによると、そのサービスの対象者は、「通常の事業所に雇用される事が困難であって、適切な支援により雇用契約に基づく就労が可能な障害者」である。サービス内容は、「①通所により、雇用契約に基づく就労の機会を提供するとともに、一般就労に必要な知識、能力が高まった者について、一般就労への移行に向けて支援、②一定の範囲内で障害者以外の雇用が可能、

---

[20] 遠山（2020）は、障害者就労継続支援 B 型事業所における工賃の実態を 5 つの事業所へのインタビューから明らかにしている（事業所によって就労の中身は異なる）。工賃向上を阻害する要因として、利用者の支援ニーズが増加・多様化していることから、個々の利用者のニーズに合った作業や支援を提供することが重要となっていることや、外部から請け負っている受託作業が利用者に合っているものの単価が安いことなどが指摘されている。職員の努力だけでは対応は難しい（p.21）。

[21] A 型と B 型では工賃に大きな差がある。厚生労働省ウェブサイトに掲載されている「令和 4 年度工賃（賃金）の実績について」（https://www.mhlw.go.jp/content/12200000/001220331.pdf）によると、埼玉県の場合、就労継続支援 A 型の月額賃金は 2021 年度が 7 万 4,901 円、2022 年度が 8 万 440 円であった。これに対し、就労継続支援 B 型はそれぞれ 1 万 4,722 円と 1 万 5,024 円であった（2024 年 5 月 15 日最終アクセス）。

③多様な事業形態により、多くの就労機会を確保できるよう、障害者の利用定員10人からの事業実施が可能、④利用期間の制限なし」である。就労継続支援B型事業では、利用者との間で雇用契約は結ばれない。

　図表2-4は、つばさの森の工賃月額の推移（年度ベース）を示している。コロナ前の2019年度は一人平均月額16,745円だったのが、2020年度は11,823円に落ち込んだ。2021年度は14,758円へと若干盛り返した。2022年度には16,250円、2023年度には24,030円となり、新型コロナが流行する前の水準を上回った。2022年度と2023年度の工賃の増加については、焼き菓子の価格改定や工賃の算出方法の変更の影響もあったと思われる。

図表 2-3　就労継続支援 B 型事業所の平均工賃の推移

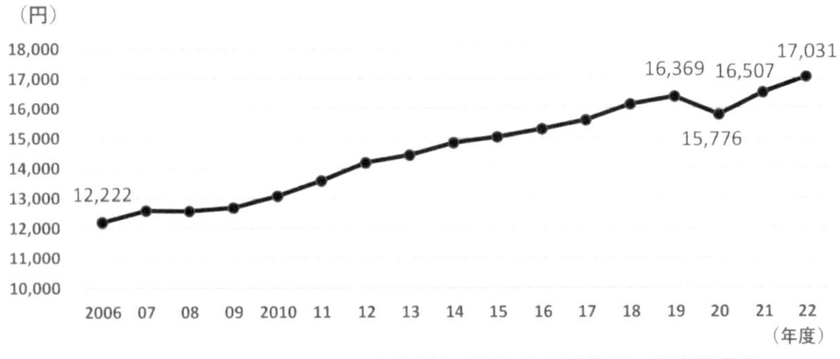

（注）2006年度から2011年度までは、就労継続支援B型事業所、授産施設及び小規模通所
　　　授産施設における平均工賃。

（出典）厚生労働省ウェブサイト「令和4年度工賃（賃金）の実績について」より作成。

図表 2-4　つばさの森の就業継続支援 B 型事業の一人当り工賃（月平均）

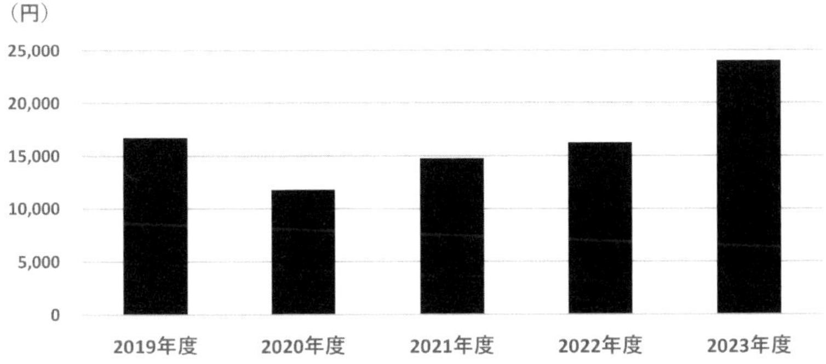

（円）

25,000

20,000

15,000

10,000

5,000

0

2019年度　2020年度　2021年度　2022年度　2023年度

（出典）つばさの森提供資料より作成。

2. 製菓班の課題

　つばさの森の製菓班が生産・販売活動に取り組むにあたっての課題は多い。以下では、新商品の開発と販売、知名度向上につながる広報・SNS の活用、業務プロセスの見直しについて述べる。

（1）新商品の開発と販売

　一定水準の売り上げを継続的に確保するためには、新商品の開発が欠かせない。これは、民間企業にとって新しい商品やサービスの開発が事業継続に不可欠であるのと同じである。つばさの森には、広告や PR の観点からも毎年新商品を出すべきだとの声が寄せられるという。

　製菓を担当する職員は、新商品の開発について可能な範囲で考え、前任者が作成したレシピのアレンジも試みてきた。これ

までにアイデアを商品化してきたものの、徐々にアイデアが枯渇する局面に入ってきたという。加えて、日常業務をこなしながらの新商品の開発は、相応の負担を強いる。従業員数が多い企業であれば、開発、製造、販売、広報などの業務を複数の社員で分担できる。しかし、つばさの森では限られた人員ですべての業務をこなしているため、商品開発に費やすことができる時間はどうしても限られてしまう。他の障害福祉サービス事業所も同様の悩みを抱えているのではないだろうか。

（2）知名度向上につながる広報・SNS の活用

　知名度向上も重要な課題である。つばさの森、利用者、そして商品のことを若い世代を含む多くの方々に知ってもらいたい。そのためには商品リストやリーフレットなどの制作・配付に加えて SNS の活用が不可欠である。草加市社会福祉事業団のウェブサイトにつばさの森の情報が掲載されてはいるものの、焼き菓子にかんする情報はさほど目立たない。つばさの森は、フェイスブック、インスタグラム、そしてユーチューブを運営している。しかし、職員が日常業務を担当しながらそれらを頻繁に更新することは難しい。

　SNS での広報は、スピードと頻度が問われる。学生は瞬発力があり、見聞きしたことをすぐにアップロードできる。つばさの森では、担当者が文書を作成したあと、決裁を経てからアップロードする手順になっている。学生が SNS に掲載するまでの速さは魅力であり、焼き菓子にかんする情報を毎日発信できたら助かるという。

（3）業務プロセスの見直し

　業務プロセスの継続的な見直しも、組織を運営するうえで避けてとおれない。製造工程、販売経路などの改善を定期的に検討することに意味がある。偶然にも、新型コロナの流行が業務プロセスを見直す契機となったという。納品先はしばらく休店となり、地域のお祭りも軒並み中止された。以前はすべての営業日に製造していたのが、しばらく止まる事態となった。焼き菓子への需要の蒸発は、利用者支援も含めて、つばさの森として製菓班の将来を考える機会になった。需要と生産が減少するなかで、業務を見直した。

　製菓班の利用者はずっと根を詰めて働いていたため、体を休める機会ができたとポジティブに考えた。製菓の仕事だけをしてきた利用者は、別の仕事（例えば消しゴムの組立てなど）にシフトチェンジするきっかけになった。まったく仕事がなくなった時期は、掃除をしたり、館内で使う装飾を作ったりしていた。午前中はそうした作業をして、午後はDVDを鑑賞していた時期もあった。結果的に、コロナ下で製菓室内が大分整理整頓されるという副次効果がえられた。新型コロナの流行がなければ、忙しさに追われて、獨協大生とコラボしよういうというアイデアが浮かんでこなかったかもしれない。

おわりに

　読者はつばさの森の日常を知れば知るほど、つばさの森が障がい者施設であることを忘れるかもしれない。利用者は働いて工賃をえるという、一般企業と同じ活動をしている。

つばさの森の業務を継続的に推進するうえで、商品開発、SNSの運用を含む広報活動、業務改善などの点に課題があることが判明した。これらは学生が貢献できる余地のある分野でもある。

　新型コロナの流行とウクライナ戦争の影響を受けていた2022年9月に、つばさの森から筆者にコラボの打診が届いた。筆者のゼミは、前章で述べたように、障害福祉サービス事業所との連携に活用できる3分野のPBL（ソーシャルインクルージョン、食をテーマにした活動、バリューチェーンの構築）の経験を積んでいた。次章では、高安ゼミとつばさの森との共創活動について詳述する。

第3章

マドレーヌが紡ぐ共創活動

はじめに

　本章では、学生参加型の地域連携の事例として、経済学部に所属する高安ゼミとつばさの森が 2022 年 10 月から取組んだ、焼き菓子の製造と販売にかかわる共創活動について詳述する。本章では「共創」を、異なる組織が協力して、相互に学習しながら新しいアイデアや課題解決策を生み出して実装する取組みとしてとらえる。筆者は、今回の共創活動では、高安ゼミとつばさの森は目的を共有し、その実現のためにソーシャルビジネスの手法を活用したと考えている[22]。

　以下では、まず、両者が共創活動にいたった経緯、販売経路の確保と新規顧客の開拓、商品開発、つばさの森の知名度向上、販売実績などについて述べる。続いて、焼き菓子販売の舞台となった獨協大学のフードシステム、新聞 3 紙による活動紹介記事の内容を解説する。最後に、共創活動の成果を整理する。

---

[22] 池田（2022）は、利用者と就労継続支援 B 型事業所を包摂し、優れた授産商品を開発して働きがいのある仕事を実現するインクルーシブデザイン・コーポレーションのプロセスの効果に着目した研究成果を残している。そのなかで、優れた授産商品開発は長期的に授産事業による利益率を向上させ、その結果として利用者の工賃が増加することを指摘している。池田がデザインに焦点をあてているのに対して、本書では企画から販売にいたるバリューチェーン全体に着目している。

1. 共創活動の始まり

（1）経緯

　つばさの森の現場では、コロナ禍の影響が残りウクライナ戦争の勃発を受けて原材料費が高騰していた2022年に、新商品の開発と売上回復策が必要だとの声が上がっていた。そこで浮上したのが、獨協大生とのコラボであった。それ以前の獨協大学との関わりは次の2つに限られていた。一つは、2010年前後に、大学に卒業生が集うホームカミングデーで、つばさの森の職員が小松菜ジュースとマドレーヌを販売したことである。もう一つは、世界各国出身の草加市民が集う草加国際村一番地（主催・草加市国際交流協会、共催・獨協大学）が大学のキャンパスで開催された折りに、焼き菓子を販売したことである。

　つばさの森が獨協大生と商品開発などでコラボし、学生や教職員をターゲットに焼き菓子を販売するのは初めての試みであった。つばさの森が獨協大学にアプローチした背景として、自身の職員の働き方改革への対応という事情もあった。土日や祝日に開催されるお祭りなどのイベントに出店すると、職員は平日に代休を取得する。この点、大学の場合は平日に出店できるというメリットがある。さらに、2022年10月時点で、獨協大学には昼休みにキッチンカーが配置され、埼玉県立草加かがやき特別支援学校が構内でパン販売するなど、つばさの森による販売活動が受入れられる土壌が整いつつあった。

　獨協大学とのコラボの可能性について、つばさの森より草加市障がい福祉課に相談した。そして2022年9月、筆者に草加市社会福祉事業団より面談依頼が届いた。翌10月のつばさの

森の担当者との意見交換を経て、筆者は経済学部に属する高安
ゼミ生が取り組むべき課題を3つに整理して学生に伝えた。す
なわち、①コロナ禍で落ち込んだ焼き菓子の売上回復への貢献、
②商品開発を含むアイデアの提供、③つばさの森の知名度向上
への寄与である。

　筆者が2年生のゼミ生からプロジェクト参加者を募ったとこ
ろ、2022年11月に14期生6人のチームが立ち上がり、2023
年6月まで活動した。2023年11月には15期生4人のチーム
が発足して14期生の活動を引き継ぎ、2024年6月まで活動を
続けた。その後も2024年11月開催の雄飛祭でマドレーヌを販
売した。2025年は、16期生がマドレーヌ販売に取り組むこと
になった。図表3-1は、高安ゼミとつばさの森の共創活動の足
跡をまとめたものである。

（2）学生と職員の初めての打ち合わせ

　2022年11月、ゼミ生と筆者がつばさの森を訪問し、コラボ
について初めての打ち合わせを行った。メンバーは経済学部2
年生（当時）6名で、男性が2名、女性が4名であった。つば
さの森の出席者は、草加市社会福祉事業団事務局長の竹城満博
氏、つばさの森所長の岡﨑好恵氏、同主任・生活支援員の中村
綾子氏であった。つばさの森の職員にとって、大人数の大学
生とかかわるのは初めてのことであったという。第一印象は、
しっかりしている、思った以上に商品開発などについて真剣に
考えてくれているというものであった。最初の打ち合わせで、
取り組むべき事項を整理でき、新商品の開発、パンフレットや
シールの作成、SNSの運用、大学での最初の販売日などが決
まった。

第 3 章　マドレーヌが紡ぐ共創活動

図表 3-1 獨協大学経済学部高安健一ゼミとつばさの森の共創活動の足跡

2022 年	10 月 12 日（水）	筆者とつばさの森関係者との初顔合わせ
	11 月 24 日（木）	つばさの森訪問（14 期生）
	12 月 9 日（金）	キャンパスで販売活動（通算 1 回目）
	12 月 21 日（水）	つばさの森訪問（14 期生）
2023 年	1 月 12 日（木）	つばさの森訪問（14 期生）
	1 月 18 日（水）	キャンパスで販売活動（通算 2 回目）
	1 月 24 日（火）	『埼玉新聞』に記事掲載
	3 月 23 日（木）	つばさの森訪問（14 期生）
	4 月 30 日（日）	リーフレット完成（14 期生）
	6 月 16 日（金）	キャンパスで販売活動（通算 3 回目）
	7 月 3 日（月）	『東武よみうり新聞』に記事掲載
	9 月 26 日（火）	『東京新聞』に記事掲載
	11 月 4 日（土）・11 月 5 日（日）	雄飛祭（学園祭）の模擬店で販売活動（通算 4 回目）
	11 月 9 日（木）・11 月 10 日（金）	キャンパスで販売活動（通算 5 回目）
	12 月 21 日（木）	つばさの森訪問（15 期生）
2024 年	1 月 18 日（木）	キャンパスで販売活動（通算 6 回目）
	2 月 29 日（木）	つばさの森訪問（15 期生）
	3 月 27 日（水）	つばさの森訪問（15 期生）
	4 月 15 日（月）	リーフレット完成（15 期生）
	4 月 18 日（木）	キャンパスで販売活動（通算 7 回目）
	5 月 11 日（土）	PICNIGOOD で販売活動（通算 8 回目）
	11 月 1 日（金）・11 月 2 日（土）	雄飛祭（学園祭）の模擬店で販売活動（通算 9 回目）

※遠隔会議システムを使った打ち合わせも随時行われた。

（出典）筆者作成。

会議室での打ち合わせのあと、つばさの森側より学生に施設や利用者の活動を知って欲しいとのお話があり、ゼミ生は館内を製菓室も含めて見学した。ゼミ生と利用者の初めての出会いである。

2. 具体的な取組み

（1）商品開発

　前章で述べたように、つばさの森にとって商品開発は避けては通れない課題であり、それにかんするアイデアをゼミ生に期待していた。ゼミ生は商品の魅力向上（高付加価値化）に向き合った。中島氏は、「障害者が一生懸命つくりました」というキャッチフレーズで市民の善意に訴えかける売り方では単価の大幅な上昇は期待できない。そのためには品質を向上させ、品質の価値を認めてくれる客を見つけなければならないことを指摘している。[23]

　ゼミ生は、焼き菓子の原材料費や光熱費が高騰するなかにあって、商品の高付加価値化と原価率抑制の両立という難題に直面した。焼き菓子（マドレーヌ）の販売価格は、ゼミ生が商品開発に取りかかった 2023 年 1 月時点で、すでに 100 円（税込み）から 120 円に改定されていた（2024 年 4 月に 150 円へ再改定）。このため、消費者に焼き菓子が価格に見合った商品であることを改めて納得してもらう必要があった。

　商品開発に際して、考慮すべき要素が 3 つあった。第 1 は、

---

[23] 中島（2018）p.160。

新商品が既存の設備やマドレーヌの型などを使って安定的に製造できることである。新規の設備投資や物品の購入は想定されていなかった。第2は、新商品の着想から発売までに一定の期間を要することである。商品の試作、製造・販売に関わる法令への対応、製造（量産化）方法の確立、材料の調達経路の確保等々をクリアする必要がある。第3は、利用者に過度な負担をかけることなく製造できることである。

　考慮すべき事柄がある一方で、商品開発を後押しする要因もあった。第1は、焼き菓子の商品特性により、ゼミ生がその食感や味を手軽に確認できることである。これにより、商品にどのような付加価値を加えるべきかを、具体的に考えることができた。第2は、自分である程度のレベルの試作品を作ることができることである。第3は、市場に多く流通している焼き菓子商品を商品開発の参考にできることである。第4は、ゼミ生のアイデアに対して、つばさの森の担当者より生産者・販売者双方の視点から的確なコメントをもらえたことである。

　ゼミ生は試行錯誤を繰り返し、3種類の新商品の販売に漕ぎ着けた。第1は、ナッツ入りチョコマドレーヌである。これは既存商品を一回り小さくしたチョコマドレーヌを貝の型を使って焼いて、つばさの森の他商品と差別化したものである。サイズを小さくすることで原価を抑制しつつ、他のマドレーヌと同じ価格で販売した。新しいロゴシールをプラスチックのパッケージに貼ってかわいらしさを演出した。

　第2は、既存商品を組み合わせたセット販売である。味や見た目を考えて、プチマドレーヌ（一口サイズ）の商品群から、チョコといちご、抹茶とプレーンをそれぞれ組み合わせた。これにより、消費者は一袋の商品で二通りの味を楽しむことがで

きる。

　第3は、米粉を使った新商品の開発である。製造方法を工夫する手間を要したものの、原価を抑えることができた。マドレーヌの販売が振るわない夏季に他の商品と同じ価格で、季節限定商品として販売した。冷蔵庫で冷やして食べると美味しいことを消費者に伝えた。

　マドレーヌのもつ食品としての特性が販売にプラスに作用した。賞味期限が比較的長く、常温での保存が可能であり、車で搬送しても形状が保たれる。これらの特性により、出店時に販売見込み個数よりも多めに焼き菓子を搬入することができ、機会損失を回避できた。仮に売れ残った場合でも、条件が整えば別の販売機会に問題なく活用できる。マドレーヌの食品ロス化を避けることができる。

　中村氏によると、商品開発について、学生から出てきたアイデアとして次のものが印象に残っているという。14期生がサツマイモのチップスのアイデアを出してきた。中村氏から米粉を使った商品の可能性についての話をしたので、米粉とサツマイモのマフィンのような案がでてきた。残念ながら、何回か試作したもののなかなか良いレシピに辿り着けなかったという。

　やはり中村氏によると、マドレーヌではないがスノーボールが新商品になる可能性を見いだせた。材料がシンプルで、見た目も可愛いく、味も美味しい。スノーボールは作り方が粘土遊びに近いため、利用者も喜んで作るという。形状（流し込み）が苦手な利用者でも、職員が6gの材料を渡すと一生懸命にまるめる。ゼミ生とコラボした当初はレシピが完成していなかったため、2023年11月に開催された獨協大学の学園祭（雄飛祭）で販売した当時は少し割れる商品があった。翌年3月のホワイ

トデー用の商品は、割れのない商品に仕上がった。問題点が残っているとすれば、最後に粉砂糖をかけるときにその粉が飛ぶことくらいであるという。

(2) つばさの森の知名度向上

つばさの森の知名度向上は、リピーターを確保して新しい顧客を開拓するために必須である。障害福祉サービス事業所の商品であることを理由に購入する顧客を確保しつつ、新しい顧客を開拓することが売上増に欠かせない。ゼミ生は、つばさの森にかんする適切な情報を消費者に提供することが知名度向上の出発点と考えた。

消費者が商品に価値を見出さないことには売上は伸びない。焼き菓子の製造・販売を手掛けている民間企業や福祉団体は多く、差別化戦略も求められる。折笠俊輔氏は、商品にかんするブランドの基本機能を、食品分野におけるコンサルティング経験を踏まえて、次のように整理している（筆者一部加筆修正）[24]。

①商品の識別手段
ブランドをあらわす名前やロゴマークがあれば、消費者に、他の商品とは違うものであると認識してもらえる。
②出所表示・品質保証
（中略）生産者名（＝出所）を表示することは、生産者が品質を保証していることにもなり、消費者は安心して購入することができる。
③意味とイメージの付与

---

[24] 折笠（2021）pp.93-94。

ブランド名やロゴなどで、商品に意味やイメージを加えることができる。

　続いて、折笠氏は、消費者にブランドの価値を伝えるためのブランド要素として、次の5つを挙げている[25]。ブランドづくりとは、商品に独自の名前をつけ、消費者にそれをおぼえてもらい、ファンになってもらうことであるという。

①ブランド・ネーム
②ロゴとシンボル（他と似通っておらず消費者に一目で認識してもらえる）
③キャラクター
④スローガン
⑤パッケージング（パッケージのデザインや形状でブランドを伝えること）

　ゼミ生は、つばさの森が育んできたブランドやブランド要素を尊重しつつ、自分達が貢献できる分野を探した。上記の5つのブランド要素のうち、ブランド・ネームを変更する意見は皆無であった。つばさの森は事業所の名称であり、広く市民に認知され、親しまれている。加えて、フランス生れのマドレーヌと、つばさ（鳥）および森のイメージは重なる。ロゴとシンボルにかんして、焼き菓子を包んでいるプラスチックのパッケージに貼る表記シール（マドレーヌの種類などを示すもの）のデザインを考案した。15期生は2024年に、表記シールのデザイ

---

[25] 同上 pp.94-99。

ンを8種類案出した。

　14期生のチームは、つばさの森からの連想で、森に潜む妖精をモチーフにしたキャラクターを作成し、その片方の手に握られているステックの先を緑色にしてアクセントをつけた。イメージキャラクターは、永く市民に親しまれている事業団の「ふくまつちゃん」を引き続き使用した。

　「獨協大生×つばさの森」というスローガン（コンセプト）のもと、地元の獨協大学の学生とつばさの森が共創していることを新たな価値として伝えることにした。その狙いは3つある。第1は、大学構内で販売する際に、獨協大生につばさの森を身近に感じてもらうことである。第2は、消費者、とくに草加市内の消費者につばさの森と獨協大生がコラボしていることが新鮮に感じられると考えたことである。第3は、メディアに共創活動をとりあげてもらうためのストーリーの提供である。

　パッケージングは、変更する緊急性が見当たらないことや時間制約を勘案して2023年、2024年ともに対応を見送った。

（3）リーフレットの制作

　ゼミ生は、つばさの森の知名度向上には、市民や学生に障害福祉サービス事業所や利用者にかんする適切な情報を提供することが最初のステップになると考えた。関連知識をほとんどもたない獨協大生などを想定して、14期生と15期生はそれぞれリーフレットを制作した。

① 14期生（2023年4月作成）「食べる社会貢献」

　14期生が2023年4月に完成させたリーフレットは、A4サイズ（両面印刷）を二つ折りにしたもので、計4ページである

（500 部印刷）。企画・制作は高安ゼミで、主にゼミ生が販売活動をする際に配付された。

　表紙タイトル（メインメッセージ）は「食べる社会貢献」である（資料3-1）。このフレーズは、2023 年 1 月 18 日に大学構内で焼き菓子を販売した際に実施した無記名アンケートの自由記述欄に書かれていたものである。消費者は自らの購買行動が何らかの社会貢献に繋がることを連想できる。しかし、紙幅の制約もあり、焼き菓子を購入して食べることが、どのような経路で利用者の工賃や社会貢献に繋がるのかを十分には伝えることはできなかった。

　表紙に掲載されたサブタイトルは「獨協大生×つばさの森〜草加市障害福祉サービス事業所とのコラボ商品のご案内〜」である。リーフレットの 2 ページ（資料3-2）と 3 ページは、プロジェクト内容を時系列で紹介する構成とし、つばさの森が獨協大生と作った商品とシールを掲載した。加えて、利用者が焼き菓子の製造に取り組んでいる様子など、外部から普段垣間見ることができない活動が紹介されている。最後の 4 ページに、現場の声を消費者に届けるために、つばさの森の製菓担当職員と学生による感想を記した。

② 15 期生（2024 年 4 月発行）「おいでよつばさの森」

　15 期生は、2024 年 4 月に A4 サイズ（両面印刷）を三つ折りにしたリーフレットを完成させた（資料3-3）。表紙に数羽の鳥のイラストを配置し、鳥（人）によって飛ぶ高さや方向が異なるとの意味を込めた。

第 3 章　マドレーヌが紡ぐ共創活動

上：資料 3-1　14 期生が作成したリーフレット（表紙）
下：資料 3-2　14 期生が作成したリーフレット（2 ページ目）

（制作）チームつばさの森（14 期生）。

67

資料 3-3　15 期生が作成したリーフレット

（制作）チームつばさの森 2024（15 期生）。

第3章　マドレーヌが紡ぐ共創活動

　リーフレットが完成したのは、マドレーヌの販売価格（税込み）が1個120円から150円に改定された直後の2024年4月15日であった。2024年3月7日に、つばさの森のウェブサイトに原料価格高騰を理由とする、4月1日からの価格改定のお知らせが掲載されていた[26]。消費者に焼き菓子の価格が価値に見合っていることを認識してもらうために、リーフレットのデザインと色調を落ち着いたものにし高級感を醸し出した。内容面では、つばさの森の紹介を充実させるとともに、手間暇をかけて手焼きで製造していることを強調した。サブタイトルは「獨協大生が伝えるつばさの森の魅力」であり、学生や市民にマドレーヌを作っている現場を訪れることを推奨している。このリーフレットは、主にゼミ生が販売活動をする際に配付された。

　15期生は2024年4月の価格改定に対応した商品案内の見直しにも協力した（前掲資料2-1参照）。ここでも価格に見合った価値があることを消費者に納得してもらうことが鍵となった。2024年3月までの商品案内がA4片面印刷であったのに対して、A4両面印刷となり情報量は倍増した。表紙は、消費者に高級感が伝わるデザインとした。つばさの森の紹介文を増やすことも忘れなかった。焼き菓子にかんする掲載情報は定番商品、季節限定商品、ギフト商品、販売所案内、注文方法に分けて配置された。「獨協大学高安ゼミのチームつばさの森2024の皆さんと共同で作成しました」との文言が、メンバーの写真とともに掲載された。

---

[26] 草加市障害福祉サービス事業所つばさの森ウェブサイト「マドレーヌ値上げ通知文_R6.3.pdf (sswo.or.jp)」（2024年5月15日最終アクセス）。

3. 獨協大学のフードシステムを活用した販路拡大

（1）販売市場としての特徴

　売上を増やすためには、商品の付加価値向上に加えて、安定的に販売できる販路を確保しなければならない。つばさの森の焼き菓子販売の場合も例外ではない。つばさの森の販売活動は獨協大学のフードシステムを活用して行われた。大学のキャンパスは、多くの学生や教職員が集い、学生食堂などで食が提供されて消費される。昼休みに多くの学生が昼食を摂ることから、この限られた時間帯に消費が大きく盛り上がるという特徴がある。つばさの森の焼き菓子販売はこの特徴を最大限に生かして行われた。

　販売日に、つばさの森の職員が車で商品、幟、ポスターなどをキャンパスに搬入し、ゼミ生と人通りの多い中央棟の東棟側出入り口付近に長机を配置し、商品を陳列した。販売時間は昼休みを挟む 90 〜 120 分程度と短いが、利用者と一緒に毎回 500 〜 600 個を売り上げた。キャンパスで食を提供する企業が他に数社営業するなかで健闘したといえよう。

　2023 年 11 月 4 日（土）と 5 日（日）に開催された雄飛祭（学園祭）では、大学近隣住民を中心に多くの来場者があり、売上を大きく伸ばすことができた。ただし、雄飛祭期間中は、数多くの部活・サークルなどが模擬店を出店するため、競争はかなり厳しかった。

　2024 年 1 月 18 日の販売活動からは、2 年生（15 期生）が担当した。4 月 18 日は、新しいリーフレットと商品パンフレットを手渡しての販売となった。続いて、15 期生は同年 5 月 11 日

（土）に大学近隣で開催された PICNIGOOD と称されるマルシェに初めて出店した。つばさの森について広く市民に知ってもらうためには、学外で販売する必要があると考えての出店である。10 時から 15 時までに 390 個、52,650 円を売り上げた。つばさの森の知名度を高めるために購入者にリーフレットを手渡した。草加市松原地区は、マンションや集合住宅が多く建ち並ぶ新興住宅街で、新しい顧客の掘り起こしが期待できる地域である。

　つばさの森の焼き菓子が 2024 年 6 月に、草加市のふるさと納税の返礼品としてふるさと納税関係のサイトに登録された。その紹介文は、「【思いやり型返礼品　きふと、】「食べる社会貢献」でつばさの森を応援！つばさの森　手作り　焼き菓子　詰合せ 10 種 20 袋入り【障害福祉施設　手作り　焼き菓子　マドレーヌ　マフィン　食べる社会貢献】」であった。ゼミ生が考案した商品や大学内での販売の様子を伝える写真が掲載された[27]。

写真 3-1　獨協大学構内での販売の様子

（出典）筆者撮影。

---

[27] 草加市ふるさと納税関連サイト（https://www.furusato-tax.jp/product/detail/11221/6214182?query_id=a933a70f-a8b5-4c51-bad8-5aa155b3d147&ss_request_id=5b0c8ddd-3a86-4966-8ffa-b1b0ffd10083）。

（2）社会貢献活動

　獨協大学では、フードシステムを活用した社会貢献活動が数多く行われている。2022年5月に、飲料を購入するだけで寄付ができる自動販売機が構内に10台設置され、こども食堂の運営団体を支援している。大学近隣の埼玉県立草加かがやき特別支援学校の高等部の生徒によるパン販売が定期的に行われている。

　学生による社会貢献活動も多彩である。学生団体であるTABLE FOR TWO は、昼食代の一部が途上国の学校給食のために寄付される活動を行った。学生がフェアトレード商品、弁当用のバイオマスプラスチック容器、地元産の野菜などを販売した実績がある。地域の食材を使ったメニューが提供されたこともある。ボランティアサークルがこども食堂を支援している。

　2023年11月18日（土）に、獨協大学を会場に経済学部のゼミが幹事となり「学生こども食堂ネットワーク全国大会」が開催された。2023年12月16日（土）に高安ゼミが獨協大学コミュニティスクエアで近隣住民を対象に開催した防災イベントでは、200人を超える子育て世代に防災食にかんする情報を提供した。

（3）草加市のフードシステムとの繋がり

　1990年代末以降の獨協大学の食の提供体制を振り返ると、食料品製造業と飲食料品小売業に属する市内企業をキャンパス内に誘致することで、草加市のフードシステムとの繋がりを深めてきたといえる。つばさの森による構内での焼き菓子販売もその一環である。

現在の学生食堂は、1999年に竣工した35周年記念館の2階にある。食堂運営会社に、学生食堂と中央棟2階の教職員食堂の運営を委託している。一方、同時期に学生食堂と同じフロアに開店した大手ファストフード店は2003年に撤退した。2007年には、天野貞祐記念会館の竣工に伴いスタイルカフェがその1階に開業した（2023年度末に閉店）。2011年にコンビニエンスストアが35周年記念館1階で営業を開始したことが、学内での食の提供体制の転機となった。

新型コロナウイルス感染症の影響が薄れ、キャンパスで活動する学生数が回復基調にあった2022年9月末より、地元企業による食の提供が動き出し、大学のフードシステムは草加市のフードシステムとの繋がりを強めた。第1に、草加市内に本店を構えるパンを提供する企業が同月に学生センターに出店した。第2に、学生に人気の、大学近隣の弁当屋が創立50周年記念館（西棟）で販売を開始した（2024年に撤退）。第3に、構内に出店するキッチンカーを2台増やし計4台とした。キッチンカーは基本的に草加市や近隣地域の事業者が営んでいる。第4に、2022年度より学生食堂で使用する米の一部について、草加市と越谷市で収穫されたものが使われている。

4. 新聞3紙が伝えた共創活動

広報活動は、つばさの森の知名度を高め、新たな販路と顧客を獲得するためにきわめて重要である。ゼミ生は、つばさの森との共創活動を伝えるSNSを開設するなどして情報発信に努めた。

高安ゼミとつばさの森が共創したことでニュースバリューが増し、2023 年に新聞 3 紙に記事が掲載された。焼き菓子の売上増にどの程度寄与したかを数値化することはできないが、埼玉新聞、東武よみうり新聞、東京新聞（埼玉県版）の 3 紙の発行部数が計 30 万部程度であることを勘案すると、少なからぬ読者に活動を知ってもらうことができた。ゼミ生は記事を読んで、自分達の活動が第三者にどのように評価されているかを知った。メディア掲載は、ゼミ生、そしてつばさの森関係者のモチベーションの向上に繋がった。3 紙に掲載された記事のポイントは次の通りである。

（1）『埼玉新聞』（2023 年 1 月 24 日付）

　2023 年 1 月 18 日の昼休みに大学構内で実施した販売の様子が紹介された。記事の見出しは「販路拡大 学生が手助け」であり、小見出しは「新商品開発、構内で販売」と「獨協大と障害者雇用施設コラボ」である。販路拡大と新商品開発に学生が貢献し、大学構内で販売したことに着目した構成である。

　つばさの森について、約 15 年前から利用者が焼き菓子を製造し、市内スーパーなどで販売して利用者の作業工賃に充ててきたことが紹介された。共創にいたる背景として、新型コロナの影響でイベントがなくなり販売機会が減少したこと、そして物価高が追い打ちをかけたことが指摘された。学生考案の新商品 3 種類を加えた計 15 種類およそ 600 個が完売したことや、学生が地域貢献に一役買ったことが伝えられた。

　この日の販売の様子は、草加市広報課のインスタグラム（@sokacity_koho）でも取り上げられた。

（2）『東武よみうり新聞』（2023 年 7 月 3 日付）

　2023 年 6 月 16 日に実施した販売活動の紹介記事が掲載された。14 期生のリーフレットがそれに先立つ同年 4 月に完成し、米粉を使った新商品の開発が進行中のタイミングである。

　記事の見出しは「獨協大生と新商品開発」、小見出しは「草加の福祉施設　既存のマドレーヌを改良　利用者の工賃向上へ」「学生の購買力生かす」である。商品開発を主軸に据えたうえで、売上と利用者の工賃が連動することに触れ、売上増のために大学の購買力を活用していることを伝える構成である。

　記事のリード文のなかで、商品を開発した学生らは「食べる社会貢献」を掲げ、「学生の購買力は地域貢献につながる。活動の意義を知ってもらい、施設の売上に貢献できればと期待を寄せている。」と書かれている。

　つばさの森で製菓部門を担当している職員の中村綾子氏のコメントのなかで、新しいアイデアに行き詰まりを感じ、事業団事務局の竹城満博局長に相談したところ筆者を紹介されたことが触れられている。さらに、学生が「ナッツ入りチョコマドレーヌ」「プチミックスマドレーヌ」を考案したことに言及し、後者について中村氏は「既存商品を組み合わせることにより、もともと売れる商品に差があって食品ロスになりやすかったのを解消した。」とのコメントを残している。計 600 個が完売したことも伝えられた。

（3）『東京新聞』（2023 年 9 月 26 日付）

　記事が掲載された 2023 年 9 月末時点で、14 期生の活動が終了してから 4 カ月ほどが経過していた。この記事はつばさの森への取材をもとに執筆された。14 期生が提案した米粉を使っ

た新商品の発売が2023年9月末まで行われていた。

　記事の見出しは「試行錯誤の味 食べてみて」で、小見出しは「草加の障害福祉事業所 新作」「米粉のマドレーヌ好評」「学生とのコラボきっかけに開発」である。夏はマドレーヌの販売が鈍る季節であることから、新商品の開発ニーズがあった。暑い季節でも楽しめるマドレーヌの新作に挑戦し、製菓班の利用者を中心に試作を繰り返し、冷やすとよりおいしさが引き立つマドレーヌを開発したと伝えられている。新作に米粉を選んだのは、価格が安定しており工賃に少しでも反映させたいからだと説明されている。

　新聞3紙の記事はいずれも、共創の狙い、商品開発の工夫、売上増が必要な背景、つばさの森や利用者の紹介など、ゼミ生とつばさの森が市民に伝えたい事項を汲み取って構成されていた。

5. 共創活動の成果

　2022年10月から2024年6月までの共創活動の成果は次のとおりである。第1に、成果物として、ブランドを構成する要素のうち、ゼミ生が表記シール、リーフレット、商品紹介、新商品の4つを制作し、実際の販売活動で使用した。

　第2に、キャンパスでの販売は、新しい販売経路と消費者の開拓に直結し、つばさの森の知名度向上に繋がった。加えて、大学近隣で開催されたPICNIGOODに参加したことで、地域住民につばさの森が浸透するきっかけを作った。

　第3に、売上の増加に貢献できた。2022年12月から2024

年4月までに構内で実施した7回の販売活動で、計6千数百個、総額80万円程を売り上げた。前述の同年5月のPICNIGOODでの売上を加えると、総数約7千個、総額85万4,700円に達した[28]。コロナ禍による販売数量の落ち込みや、原材料費や光熱費の高騰による製造コストの増加分をある程度補うことができ、利用者の工賃の原資確保に貢献できたと考える。自らの活動の成果を数字で可視化できると、ゼミ生のモチベーション向上につながる。

　ただし、筆者は売上目標を共創活動のKPI（重要業績評価指標）には設定しなかった。ゼミ生が金額にとらわれることなく自由に発想して商品開発やリーフレットの作成に取り組んだ方が、消費者の共感につながり、結果的に売上が伸びると考えたからである。

　第4に、つばさの森の知名度向上にかんしては、販売活動を通じた消費者への直接的訴求、SNSの運用、リーフレットの制作と配付、そして新聞3紙で共創活動が取り上げられたことにより一定の成果があった。

　第5に、つばさの森との共創活動はゼミ生の実践的な学びにつながった。自分達のアイデアが商品として形になり、それが消費者に受け入れられたことを自らの目で確認することができた。学外の団体と課題を共有しながら、授業で学んだ経営学などの知識を実践で試した経験も貴重である。

　第6に、ゼミ生は、障害福祉サービス事業所の活動やその社会的役割についての理解を深めた。大学での活動で利用者と接する機会はほとんどない。つばさの森を訪問することで製菓班

---

[28] ここではゼミ生の人件費などは勘案せず、売上高のみで成果を論じる。

以外の利用者の作業も含めて知ることができた。他方、利用者は、今回の共創活動により、大学での販売活動への参加、学生の訪問・見学の受入れなどを経験した。焼き菓子を販売する長机の前に長蛇の行列ができたことが、利用者の印象に残った模様である。

第7に、つばさの森の活動に他のゼミ生も関心を示すようになった。利用者は市役所から委託を受けて獨協大学近くの「松原団地記念公園」で清掃活動をしている。これを14期生の別のチームが、2023年5月に発行した『SDGs学園都市MAP』のなかで紹介した。さらに、14期生のフードロスチームが、マドレーヌ製造における食品ロス削減への取組みを2024年4月に発行した『日本 埼玉化計画―地元野菜で築く食品ロスフリーな暮らし―』で取り上げた。冊子に、つばさの森としても、コロナ禍を経て販売機会が減少したことを契機に無駄のない製造に一段と取り組んでいること、そして、マドレーヌの在庫について、賞味期限が近いものから販売できるように管理をし、原材料の在庫管理にも力を入れていることを記した。

おわりに

本章では、高安ゼミとつばさの森の共創活動について詳述した。地域連携は誰かが何かに困っているところから始まる。そして、その困り事を解決するためのチームを組成して、リサーチをかけ、バリューチェーンのすべての工程をカバーする計画を立て、実行するにはそれなりの知識、エネルギー、そして時間を要する。前章で述べたように、共創活動が始まった時点で、

高安ゼミには関連する PBL の経験とノウハウが蓄積されてい
た。新型コロナが流行する前につばさの森からコラボ案件がも
ちこまれていたならば、対応できなかったかもしれない。

　今回のプロジェクトにかんして、高安ゼミが一方的につばさ
の森を支援したという見方は誤りである。共創活動をつうじて
ゼミ生や獨協大学が得たことも大きかった。新型コロナやウク
ライナ戦争による物価高の影響を大学も受けていた。コロナ禍
においては、学生の移動が制限されていたため、プロジェクト
活動は大学近隣地域で展開せざるをえなかった。つばさの森と
の共創活動により、ゼミ生は近隣地域で貴重な学修機会をえた。
つばさの森との共創活動がなければ、本書は存在しなかった。

　今回のプロジェクトをとおして、地域における主体がそれぞ
れの資源や人材を提供しあいながら課題解決に取り組むことの
大切さを改めて痛感した。大学の地域連携の真価が問われるの
は、平時ではなく有事であろう。厳しい状況下で支え合うこと
が、地域システムの維持に不可欠である。相手に対する固定観
念を取り除き、お互いの垣根を自由に越境して、新しいアイデ
アを作り出すことが課題解決の要諦に違いない。

第４章

ソーシャルビジネスとしての
学生参加型の共創活動

はじめに

　本章では、高安ゼミとつばさの森による共創活動の事例にもとづき、経済学部のゼミが学外の企業や団体と商品を開発・販売する際に留意すべき点を、ソーシャルビジネスの視点を交えて整理する。

1. 大学の地域連携とソーシャルビジネス

（1）アクティブラーニングと連動させた取組み事例

　ソーシャルビジネスの視点を踏まえて大学の地域連携をとらえる事例が報告されている。山岡義卓氏は、国内において「昨今、営利ではなく社会的課題の解決を目的としたソーシャルビジネスと呼ばれる事業が広がりを見せている。ソーシャルビジネスと大学の地域連携活動はいずれも社会貢献を目的とするなど共通点も多い。[29]」と指摘している。さらに同氏は、大学の地域連携活動にソーシャルデザインの考え方を適用し、そのうえで、大学の地域連携活動が社会貢献を果たす役割について問題を提起している。

　新目真紀氏らは、青山学院大学において 2019 年度に授業実践をした、SDGs と共有価値の創造（CSV：Creating Shared Value）を両立させるソーシャルビジネス構想を目的とした

---

[29] 山岡（2013）p.101。

PBL 型授業について報告している。[30]

　趙晤衍氏は、敬和学園大学における産官学協同によるまちづくりの実践を、ソーシャルビジネスの学びを軸にしたアクティブラーニングプログラムの取組みと実践から論じている。[31]

（2）ソーシャルビジネスと利益追求

　バングラデシュで主に農村の女性に無担保の貸し出しを行なうグラミン銀行の創始者であるムハマド・ユヌス氏は、ソーシャルビジネスにかんする議論に大きな影響を及ぼしてきた。同氏は、ソーシャルビジネスは新しい事業形態であり、利潤を最大化する従来型のビジネス（つまり、現代社会のほぼすべての民間企業）とも、非営利組織（慈善的な寄付に頼る組織）とも異なると述べている。[32] その目的は、商品やサービスの製造・販売など、ビジネスの手法を用いて社会問題を解決することであるという。

　高安ゼミとつばさの森の共創活動は、利潤の最大化を目指すのではなく、既存の生産設備や人員を前提に、工賃の原資となる売上を伸ばすことを目的としてきた。利益の獲得や利益の再投資という概念はない。後述のように、経済学部に属する高安ゼミとつばさの森はともにソーシャルビジネスとしての側面をもつがゆえに、共創が成立し、成果へ結びついたといえよう。

（3）共創活動の特徴

　次に、経済産業省が公表した「ソーシャルビジネス研究会報

---

[30] 新目他（2020）参照。
[31] 趙（2020）参照。
[32] ユヌス（2010）p.31.

告書」（平成 20 年 4 月）のなかで示されているソーシャルビジネスの概念にしたがって、共創活動の特徴を整理する。同報告書では、ソーシャルビジネスは次のように定義されている。

　社会的課題を解決するために、ビジネスの手法を用いて取り組むものであり、そのためには新しいビジネス手法を考案し、適用していくことが必要である。このため、本研究会では、以下の①〜③の要件を満たす主体を、ソーシャルビジネスとして捉える。なお、組織形態としては、株式会社、NPO 法人、中間法人など、多様なスタイルが想定される。[33]

　文中の「以下の①〜③の要件」とは、社会性、事業性、革新性のことを指す。以下では、組織形態について整理したうえで、共創活動における 3 つの要件について述べる。

1）組織形態
　同報告書では、株式会社、NPO 法人、中間法人など、多様なスタイルが想定されている。それらにコミュニティビジネス、生活協同組合、大学の研究室・ゼミ、社会福祉団体などを加えることができよう。
　ゼミは教育研究活動に従事する集団であり、法人格をもたない。したがって商品の生産・販売を伴う地域連携に取り組む際に、企業・団体と連携する必要がある。つばさの森は、草加市のフードシステムのなかで、利用者の職業訓練という目的を達

---

[33] 経済産業省「ソーシャルビジネス研究会報告書」（2012 年 4 月）p.3
（https://warp.da.ndl.go.jp/collections/info:ndljp/pid/3486530/www.meti.go.jp/press/20080403005/03_SB_kenkyukai.pdf）（2024 年 5 月 15 日最終アクセス）。

成するために、洋菓子を製造する食品製造業と、それらを販売する飲食料品小売業に従事している。ここで重要な点は、高安ゼミとつばさの森という一見接点のない組織が共創することで、社会性、事業性、革新性の3つを兼ね備えたソーシャルビジネスが成立したことである。

　図表4-1に、高安ゼミとつばさの森の機能が整理されている。両者が共創することにより、法人格から発信力までの9つの項目が揃い、あるいは強化されて成果へと繋がったと考える。例えば、高安ゼミは法人格をもたないが、つばさの森と共創することで、洋菓子の製造・販売活動の一翼を担うことができた。つばさの森は革新性（新商品などのアイデア）で行き詰っていたが、共創することで補うことができた。加えて、獨協大学のフードシステムへのアクセスが可能になった。情報発信力は強化され、活動が新聞などで取り上げられた。

図表4-1　高安ゼミとつばさの森の機能の補完性

	高安ゼミ	つばさの森	共創の成果
法人格	×	○	○
社会性	○	○	○
事業性	△	○	○
革新性	○	アイデア不足	○
機械設備	×	○	○
バリューチェーン	△	△	○
市場	○	○	○
地域貢献	○	○	○
情報発信力	○	△	○

短期間での製品化　　売上増加
市場へのアクセス　　＝工賃の原資確保
情報発信力向上

（出典）高安（2024c）p.46。

2) 社会性

　上記の報告書のなかで、社会性は「現在解決が求められる社

会的課題に取り組むことを事業活動のミッションとすること。」
ととらえられている。社会性と経済性の両立は、大学が民間企業と産学連携する場合に、調整が難しい点である。舟津昌平氏は、「いわゆるソーシャルビジネスなど、社会性と経済性の同時の希求は根源的な矛盾を孕みうる。営利組織たる民間企業はふつう経済成果を求めて産学連携に関与するのであり、必ずしもソーシャルビジネスを望んでいないはずである」[34]と述べている。

　高安ゼミとつばさの森は社会課題を継続的に達成するための手段として経済性の維持を認識していた（当たり前の前提であるため、特に議論にはならなかった）。利用者の工賃を増やすことは社会課題であると同時に経済課題でもある。売上から諸経費を除いた金額が工賃となるため、高安ゼミとつばさの森の間に利益配分の問題は発生しない。投資を伴わない共創活動のため、そのリターンの配分について考える必要はない。むしろ経済的利益よりも重要だった点は、共創活動が思ったように機能せず、利用者の工賃の原資確保が難しくなる事態を回避することであった。

3）事業性

　上述の報告書では、事業性は「新しい社会的商品・サービスや、それを提供するための仕組みを開発したり、活用したりすること。また、その活動が社会に広がることをとおして、新しい社会的価値を創出すること。」とされている。

　事業化の種となるテクノロジーをもつ理工系の研究室の場合

---

[34] 舟津（2023）p.59。

は、産官学の連携によりベンチャー企業やスタートアップ企業が誕生するケースが多い。一方で、経済学部のゼミにおいては、ビジネスモデルの構築と収益化へのハードルは高い。

つばさの森の製菓部門は民間企業と同様の機能を兼ね備え、似た環境に置かれている。マーケティング、新商品の開発、在庫管理、商品案内の作成、販売活動、ホームページや広報を含む多くの業務をこなしている。取り扱っている商品の価格は、原材料費や光熱費の変動の影響を受け、競合する企業や福祉団体は多い。ブランド価値を高めながら、販路と消費者へのリーチを増やし、リピーターを獲得する仕組みを作る必要もある。ゼミ生は、つばさの森が備えている民間企業と同様の機能を活用することで、アイデアを商品化できたといえよう。

図表4-2は、商品企画、製造工程、販売で構成されるバリューチェーンを示している。ここで重要な点は、高安ゼミとつばさの森が共創したことにより、シームレスなバリューチェーンが形成され、リサーチから販売までのプロセスが完成したことである。

図表 4-2　高安ゼミとつばさの森の共創活動の全体像

	商品企画					製造工程							販売					
	リサーチ	商品アイデア	商品企画	商品試作	原価計算・採算管理	衛生管理計画・食品表示	生産準備	原材料調達	製造	パッケージング	検査	出荷・運搬	販売準備	新市場開拓	販売活動	売上金と在庫管理	広告・広報	リブランディング
ゼミ生（制作物）	○	○	○							表記シール			○		ポスター		○ リーフレット・新聞3紙掲載	○
つばさの森			○	○	○	○	○	○	○	○	○	○	○	○	○			

（出典）高安（2024c）p.47。

高安ゼミは商品企画分野では、リサーチ、商品アイデアの案出、商品企画の詳細を担当した。製造工程はつばさの森の領域であるが、ゼミ生がパッケージに貼る表記シールをデザインし

た。販売活動では、多くの貢献をすることができた。

　新商品の開発やアイデアの具体化、そして商品を販売して代金を回収するためには、バリューチェーンを構成する機能がすべて揃っている必要がある。これなしに商品は消費者に届かない。これは大学が企業・団体との連携に取り組む際に忘れてはならない点である。

　さらに、今回の共創活動に関して、原材料の調達以外は販売活動を含めて高安ゼミとつばさの森で「内製化」しており、外部への資金流出を抑制しながら売上を伸ばすことができたことも採算確保の視点から見逃せない点である。

4）革新性
　先述の経済産業省の報告書では、革新性は「新しい社会的商品・サービスや、それを提供するための仕組みを開発したり、活用したりすること。また、その活動が社会に広がることをとおして、新しい社会的価値を創出すること。」と整理されている。

　経済学部のゼミは通常、機械設備を持たず、収益源となる特許を保有せず、資金調達力を欠いている。手持ちのリソースは人的資源としてのゼミ生にほぼ限られる。他方で、革新性の源泉はテクノロジーに限定されない。今回の共創活動では、獨協大学というフードシステム、すなわち大学の構成員の購買力を活用することで、市場と売上を確保できた。さらにフードシステムを活用することにより獨協大学の構内において、既述のとおり食品ロス削減、経済的に困っている子どもたちの支援、特別支援学校の生徒が製造した食品の販売が行われている。

　アイデアの実現という意味でも、共創活動は機能した。ゼミ

生のアイデアの源泉は、①大学での学修内容、②若者ならではの発想に大きく分けることができる。社会課題の解決に資するアイデアを出すことが学生の役割であり、アイデアの提供を受けた企業や団体は製品化に取り組む。学生にとって、地域連携は学修内容を実践する場でもある。障害福祉サービス事業所への理解を消費者に広める方法（リーフレットなど）を考案したことも、現状の改善につながるイノベーションに含むことができよう。

2. 円滑な「連携」に必要なこと

　学生主体の地域「連携」が円滑に進むとは限らない。その原因の一つは、連携の中身を精査しないままプロジェクトを進行することであろう。何を目的に、誰と、何を、どのように取り組むかが曖昧なまま連携しても成果は期待できない。とくに社会貢献を目的に掲げるゼミが利益の最大化を目的とする民間企業と連携を進める際には、それらを早い段階（できれば連携を開始する前に）で調整しておく必要がある。多くの学外関係者にとって、学生との連携は初めての経験であり、対応に戸惑う場面も多いであろう。

　筆者、そしてゼミ生にとって障害福祉サービス事業所との共創活動は初めての試みであった。両者の意思決定メカニズムは異なり、学生と職員が属する世代は離れている。しかしながら、開始から1カ月ほどで共創活動は軌道にのりはじめた。それは売上を増やして工賃の原資を確保するという目的を共有したうえで、そのための手段として商品開発、リーフレット作成、

SNSでの情報発信などを位置づけ、それぞれについてゼミ生に担当が割り当てられたからである。加えて、上述のように商品開発に際しての制約条件を初期段階で把握したことで、無駄な作業を省くことができた。商品開発に本格的に取り組む前にキャンパス内で販売する機会を持てたことは、消費者ニーズの把握に役立った。ゼミ生がつばさの森を訪れ、その様子を第3者に知って欲しいとの思いをもったことも共創活動の推進力になった。

　さらに、筆者の経験も共創活動に役立ったと思われる。第1は、獨協大学に着任する前に21年間民間企業に勤務した経験があり、多少なりともビジネスマインドをもっていることである。第2は、専門の開発経済学において、ソーシャルビジネスが注目されていることである。貧困層を消費者としてとらえるBOP（Bottom/Base of Pyramid）ビジネスや、前述のムハマド・ユヌス氏が提唱したソーシャルビジネスなどが、社会課題をビジネス手法で解決する方法として関心を集めてきた。第3は、PBLや地域連携の経験が豊富で、草加市役所や市内企業と協業した実績が多いことである。[35]

　筆者の経験からは、PBLあるいはソーシャルビジネスの初期段階では、何がどう決着して、どのような成果が得られるのか、あるいは得られないのかさえ分からない。大学関係者は一旦教育活動であることを忘れて、ビジネスとして成立させることに注力すべきである。これがないとソーシャルビジネスとしての持続性が失われ、連携相手に不利益が生じてしまう。

---

[35] 高安（2023）参照。

3. ゼミ活動のソーシャルビジネスとしてのポジショニング

図表4-3は、筆者の経験をもとに、ゼミ活動のソーシャルビジネスとしての立ち位置を整理したものである。ゼミや研究室の学外活動は、①経済取引を想定しない社会貢献領域、②社会課題の解決を目指して商品の開発と販売を手掛けるソーシャルビジネス領域、③社会課題の解決を意識しつつ利益を追求する起業領域の3つに分けることができる。収益源となるテクノロジーやビジネスモデルを持たないゼミの場合、ほとんどの地域連携は財・サービスと金銭のやり取りは伴わない社会貢献領域で行われる。これに企業は経済的利益を追求しないCSR活動の一環として連携することになろう。

図表4-3　ソーシャルビジネスとしてのゼミ活動の立ち位置

ゼミ・研究室	地域の課題	つばさの森（就労継続支援B型事業）	民間企業
起業領域 （利益追求） ソーシャルビジネス領域（製造と販売活動）	事業化 ⬆ 伝統産業活性化 地域商品販売 その他	焼き菓子事業	利益追求 本業での共有価値の創造（CSV）
社会貢献領域	子どもの貧困 空き家活用 高齢者支援 防犯 減災・防災 環境問題 フードバンク その他		企業の社会的責任（CSR）

SDGsを活用した包摂（行政主導で構築するプラットフォームに各主体が参加）

（出典）高安（2024c）p.49。

ソーシャルビジネス領域は、財やサービスの販売を伴うため、一定の売上／利益を確保しながら社会課題の解決を目指す。これまで高安ゼミが取り組んできたPBLを当てはめると、草加市の伝統産業である草加せんべい、草加本染（染物）、そして皮革製品の製造・販売が該当する。いずれも商品の開発と販売をともなった。これに企業は本業で社会課題の解決に取り組むCSV案件として対応した。

企業が大学生と連携する際の選択肢は、当該活動を①利益追求のみを目的とするのか、②本業を通じての社会課題の解決を志向するのか、③企業のCSR活動として取り組むかの3つである。大学生と連携する前に、それら3つのどれに該当するかを明確にすべきであろう。

4. 獨協大学のパーパスと草加市におけるSDGs推進活動

（1）地域連携の基盤整備

大学が学生主体の企画を含めて地域連携に踏み出すにあたり意識すべきは、自らのパーパスを学内外で共有することであろう。これは地域連携活動の礎となる。獨協大学と草加市の地域連携は2000年代に入り、連携協定を締結するなかで教職員を中心に進んだ。2020年代に獨協大学の地域連携の礎は次の5つの分野で整備された。

第1に、2020年8月に公表された「獨協大学人権宣言」のなかで、「獨協大学は、地域との連携を深めながら、誰もが互いに人格と個性を認め合い、支え合う共生社会の構築に貢献し

ます。」と記されている。高安ゼミとつばさの森、その利用者との連携はこれに該当する。

第2に、2022年4月に大学ウェブサイトに掲載された「獨協大学SDGs行動指針」のなかで、「獨協大学は、地域社会が抱える課題の解決に向けて、自治体、民間セクター、地域住民、NPO/NGO等と連携して取り組みます。」と述べられている。つばさの森は、課題解決に向けて連携するパートナーである。

第3に、2024年2月に獨協大学が埼玉県に提出した「埼玉県SDGsパートナー制度」に関わる「SDGs達成に向けた宣言書（要件1）」に記載された経済分野の目標が該当する。つまり、2027年までの3年間の目標として、「教育的視点を踏まえた経済的関係性の強化」、すなわち「教育的視点を踏まえつつ、地域の福祉事業所や特別支援学校による販売活動の支援、地域で産出される食材の活用、学生が開発した商品の販売活動などを通じて、地域経済の活性化に貢献する。」が盛り込まれた。つばさの森による構内での焼き菓子販売と符合する。

第4に、獨協大学と草加市は2023年11月8日に、連携を深めることを目的に「草加市・獨協大学基本協定書」の変更協定書を締結した。同協定書に「SDGs達成のための連携」が追加された。これにより連携分野は、まちづくり、人材育成、知的財産、産業振興、安心・安全、教育・文化・スポーツの振興・発展にSDGs達成を加えた7つになった。高安ゼミとつばさの森との共創活動は、人材育成、産業育成、教育、SDGs達成に該当する。

第5に、2024年5月9日に、獨協大学前＜草加松原＞駅西側地域における産官学連携によるまちづくりにかんする協定書が、草加市、獨協大学、独立行政法人都市整備機構（UR）、東

武鉄道株式会社及びトヨタホーム株式会社の間で締結された。7 つの実施事項の一つとして「教育や研究活動の地域還元に関する事項」が含まれている。

　獨協大学人権宣言の公表以降、大学の諸政策に変化が生じた。例えば、障がいのある学生の支援について、2021 年 4 月に「獨協大学における障がいのある学生支援に関する基本方針」が公表された。翌 5 月には、障がいのある学生等を組織横断的に支援するための体制を整備・運営することを目的に「学生支援連絡会」が設置された。その後、学生用と教職員用の「障がいのある学生支援ハンドブック」が作成・配付され、アンケート調査が定期的に行われている。そして、2023 年 2 月に学生支援室が新設され、障がいのある学生からの相談に広く対応する体制が整った。つばさの森の学内での活動は、こうしたソフト面での制度整備と連動しており、学生や教職員に障がいや福祉について考える機会を提供するものである。

（2）展望

　2024 年 5 月 21 日、内閣府は草加市が「SDGs 未来都市」に選定されたことを公表した[36]。今後応募書類に記した計画の実現に向けた施策が展開される。草加市が同年 2 月に内閣府に提出した応募書類のなかで、獨協大学との連携事項が多く盛り込まれている。

　今後は、草加市役所が音頭をとり SDGs を推進するためのパートナー制度を、商工会議所、民間企業、NPO、教育機関

---

[36] 内閣府ウェブサイト「令和 6 年度ＳＤＧｓ未来都市　選定都市一覧」（https://www.chisou.go.jp/tiiki/kankyo/teian/2024sdgs_pdf/06_R6miraitosiiti-ran.pdf）（2024 年 5 月 21 日最終アクセス）。

などと設立して運営することになろう（高安ゼミは2024年12月24日に、そうかSDGsパートナーとして認められた）。そして、関係者のなかでSDGsを達成するための手段の一つとして、ソーシャルビジネス要素のあるPBLが位置づけられることを期待したい。草加市内の各主体がSDGsという基本理念のもとで包摂され、具体的な成果を積み上げる展開である。

草加市と獨協大学はSDGs学園都市を目指すべきである。PBLのフィールドである草加市は、東京都と県境を接する人口約25万人、面積約27万平方kmの人口増加が僅かながら続いているまちである。獨協大学が立地している獨協大学前＜草加松原＞駅の西側では、かつて東洋一と呼ばれた松原団地の跡地で再開発が進んでおり、新住民が大量に流入している。最終的に約6,600世帯が居住する地域となる。幼稚園・保育園、小中学校、そして特別支援学校、獨協大学が立地し、学園都市としての様相を呈している。

こうした状況下、大学として対応すべきことは多い。まずは、大学のコーディネーション機能の拡充が欠かせない。大学と学生のニーズ、地域の課題、学外諸団体とのマッチングなどを円滑に進めるための体制整備である。現状、学生が地域の情報を、そして地域の企業などが大学や学生の情報を入手することは困難であり、統一窓口の設定は必須である。現状、多くのゼミや部活サークルの位置づけが宙ぶらりんになっており、地域連携のスタートラインに立てていない。多くの学ぶ機会が失われている。

仮に大学に地域連携センターができたとしても、教育、地域連携、PBL、ボランティア活動などにかんする専門知識と経験をもつ人材を配置しないと機能しない。ソーシャルビジネスを

95

マネジメントできる教職員を長期的視点から育成しなければならない。地域連携センターに企画機能が備わっていないと、右からきた案件を付加価値を加えることなく左に流すだけになってしまう。

おわりに

　大学の地域連携の主体が教職員から学生へと広がり、学外での実践教育の必要性が認識されてはいるものの、アプローチ方法はいまだ確立されていない。その中にあって、経済学部のゼミが商品の開発や販売を手掛けるにあたり、自らの活動をソーシャルビジネスと位置づけることで、地域の企業・団体と円滑に連携できるのではないか。本章では、この点を高安ゼミとつばさの森の焼き菓子の製造・販売という共創活動の事例から説き起こした。

　地域課題というと、先端的な企業がテクノロジーを駆使して立ち向かっているイメージがあるかもしれない。むしろ、市井の人々が日々の生活のなかで小さなイノベーションを積み上げて解決しているのであろう。焼き菓子販売は産官学の華やかな成功物語から遠く離れてはいるものの、学生が目前の社会貢献に取組みながら、金銭的な物差しでは測定できない経験をしたことも確かである。ゼミ生はつばさの森とともに、大学がもつ機能を活用して、課題解決に取り組んだ。

　SDGsの達成目標年である2030年に向けて、学生の地域貢献活動が、大学のパーパスと整合性を保ちながら、地域に好ましい社会インパクトを残すことを期待している。

第5章

プロジェクトを終えて
～学生の視点・つばさの森の職員の視点～

はじめに

　本書ではこれまで教員の視点からプロジェクトについて論じてきた。第1章では大学の地域貢献と学生主体の活動について整理し、第2章ではつばさの森の事業内容と作業に取り組む利用者の様子を伝えた。第3章では高安ゼミとつばさの森との焼き菓子をめぐる共創活動について詳述した。続く第4章ではソーシャルビジネスの視点から共創活動を整理・評価した。本章では、学生とつばさの森の職員の視点からプロジェクト活動を振り返る。以下は、筆者がプロジェクト終了後に学生と職員から聞き取った内容を項目ごとに整理したものである。

1. 学生の視点

　本節は、筆者がチームつばさの森（14期生5人、1名欠席）とつばさの森2024チーム（15期生4人）の学生に2024年10月に聞き取り調査を行った内容を、学生の視点としてまとめたものである。質問項目は、「プロジェクト開始前に障害福祉サービス事業所（つばさの森）を知っていたか？」に始まり、商品開発、マーケティング、販売活動、リーフレット・表記シールの作成、コラボを円滑に進めるためのポイントなど多岐におよんだ。

Q1. プロジェクト開始前に障害福祉サービス事業所（つばさの森）を知っていたか？

第5章　プロジェクトを終えて〜学生の視点・つばさの森の職員の視点〜

　14期生と15期生の計9人のなかで、つばさの森とプロジェクトを開始する前に、障害福祉サービス事業所の存在を知っていたのは2人であった。一人は、遠い親戚が障害福祉サービス事業所で焼き菓子を作っていて、それをもらったことがある。もう一人は、母親が福祉関係の仕事に就いている関係で、話を聞く機会があった。

Q2. つばさの森のマドレーヌを初めて食べた時の印象は？

　14期生がつばさの森のマドレーヌを初めて口にしたのは2022年10月であった。メンバー全員が美味しかったと記憶している。この価格でこれだけの美味しさとボリュームは凄い、そして種類も豊富だとの印象をもった。

　ある学生は、障がい者が作るマドレーヌは市販のものより劣るのではないかという先入観をもっていた。ところが、食べてみるととても美味しくて、市販のマドレーヌと遜色ない。この学生は、自分の先入観は食べた経験がなかったことや利用者の仕事の様子を知らなかったことに起因すると考えた。そして、利用者が明るく元気に働いている姿をみて、マドレーヌを多くの市民に広めたいと思った。

　15期生は、14期生の先輩が構内販売をしていた際に、つばさの森のマドレーヌを初めて味わった。やはり全員が利用者が作っていることを知って驚いた。市販のマドレーヌと味もパッケージも遜色ないとの印象をもった。パッケージの形がかわいらしく、大学生も手にとりたくなるデザインであった。

99

Q3. つばさの森とのコラボに参加しようと思った理由は？

　14期生に、つばさの森とのコラボに参加した理由を尋ねたところ、商品開発、マーケティング、バリューチェーンの構築など経営要素に関心のある学生でチームが構成さていたことが判明した。

　2人の学生は商品開発に興味をもっていた。うち1人は、母親が食品関係の自営業を営んでいることから、商品開発に挑戦したかったという。販売に魅力を感じていた学生が2人いた。1人は、どのような工夫をすれば、多くのお客さんに手に取ってもらえるかという課題に挑戦したかったという。もう1人は、どのようなマーケティング手法が使えるのかを、試すことができるのではと考えた。バリューチェーン全体に興味をもった学生は、焼き菓子の製造から販売にいたるまで、幅広いプロセスに関心を寄せていた。

　15期生のメンバーのなかに、高校時代に知的障がいのある生徒と友達になった学生がいる。この学生は、障がい者の社会参加を身近な問題として認識しており、自立の場であるつばさの森のことに興味を抱いた。つばさの森とのコラボを契機に、売上を伸ばす手法を探るとともに、その認知度を向上させたいと考えるようになった。

Q4. つばさの森を初めて訪問したときの印象は？

　14期生が初めてつばさの森を訪れたのは2022年11月24日（木）であった。コラボにかんするキックオフミーティングの後に、施設を見学した。ある学生は訪問前に、障がい者にマイ

ナスのイメージをもっていた。自分のなかに偏見が存在することを感じていたという。しかし、実際に会ってみると正反対で、利用者が元気で明るい人達であることを理解した。

仕事の様子を見学したゼミ生は、利用者は黙々と作業に取り組み、集中力がものすごくあるとの印象をもった。さらに学生は利用者が自分の得意な工程に集中しているのを目の辺りにした。本当に器用でないとできない作業、そして繊細な作業を簡単にこなしている。自分達にはできない作業である。学生は利用者の仕事ぶりは一般人と変らないという認識を共有した。

ある学生は、利用者があれだけ美味しいマドレーヌを作っていることに感動した。生産量に圧倒された学生もいる。学生の目には、つばさの森が一般企業と遜色ない製品を作っていると映った。

15期生は2023年12月21日（木）に、初めてつばさの森を訪問した。プロジェクトが始まる前は、偏見ではないが、心のどこかで障がい者は自分達と違うところがあると思っていた学生がいた。テレビ番組などの影響があったかもしれないという。

つばさの森を初めて訪問した時に、学生はいくぶん緊張していた。自分と違うところが利用者にあるかもしれないという気持ちがあった。学生が日常生活のなかで利用者と交流する機会はほとんどない。学生はどう接したらいいのかわからない。だが、利用者と職員が玄関で「こんにちは！」とすごく温かい、そして明るい挨拶で迎えてくださったことで、緊張が解けた。学生は初めのうちは利用者に遠慮していた。ところが、利用者は気遣いを求めてはおらず、普通に接して欲しいという態度だった。話しかけても構わないことに気付くのが遅れた学生は、「どんどん話しかけてたくさん交流した方が、利用者の素晴ら

101

しさを知ることができたのに」と少し後悔している。

　利用者は、学生が想像していたよりも前向きであったという。学生は自分達が力になろうと考えていたのが、逆に利用者から元気をもらった。自分達もポジティブに接するべきだと考えるようになった。

Q5. プロジェクトの前後で、利用者を見る眼差しは変化したか？

　学生全員が変化したと答えた。14期生のある学生は、福祉系の仕事をしている母親から、利用者の社会参加への道のりは容易ではないと聞いていた。しかし、実際に会ってみたところ、利用者に職人の姿が重なったという。優れた商品を作って、しかも前向きに日々生活していることに逞しさを感じた。

　ほとんどの学生が障がい者は閉鎖的というイメージをもっていた。しかし、利用者は職員と明るくコミュニケーションをとっていた。自分達にも元気に挨拶をしてくれた。障がい者のイメージが社交的な方向に大きく変った。

　何人かの学生は、大学でマドレーヌを販売していた時に、職員の中村さんや利用者がすごく楽しそうにしていたのを記憶している。お客さんに買ってもらった時も笑顔だった。マドレーヌが完売したときに、利用者も仕事のやりがいを感じていたはずである。

　15期生は、自らの視野が広がったことを強調した。ある学生は、プロジェクトを始めるまでは、駅前などでつばさの森の焼き菓子販売と似た活動をしている人達がいても立ち止まろうと思わなかった。今では、マドレーヌを買うことが利用者のや

第5章 プロジェクトを終えて～学生の視点・つばさの森の職員の視点～

りがいや、社会貢献につながることを、身をもって理解している。その学生は、駅前で活動をしている人達をみつけると、話しかけるようになった。

15期生の学生も、プロジェクトに取り組む前は、障がい者は暗くてコミュニケーションがとれない人というイメージをもっていた。利用者と交流することで、挨拶をしてくれたり、しっかりコミュニケーションがとれていることがわかり、明るい印象へと変化した。社交的な利用者もいた。学生は自分達がプロジェクトに取り組む前に抱いていた利用者は閉鎖的だとのイメージを、一般の人にもって欲しくないという。

写真5-1　利用者とチームつばさの森（14期生）

（出典）筆者撮影。

Q6. 商品開発に取り組んで楽しかったこと、苦労したことは？

　今回のコラボの特徴の一つは、学生が商品開発のアイデアを考えたことである（商品開発を担当したのは14期生のみ）。商品開発の面白さは、1から取りかかれるところにある。

　学生の意識や行動が変化した。ある学生は、焼き菓子を販売しているデパートの食品売場などでパンフレットを収集し、許可をえたうえで写真を撮った。コラボ企画が若者をターゲットにしていたことから、若者が好む焼き菓子について調べた学生もいる。焼き菓子を売っているお店を見つけたら、どんなパッケージで販売しているのか、どのようなリーフレットを置いているのかを確認した。他の学生は、インターネットなどで焼き菓子の作り方を調べて、簡単に作れる商品をいくつか提案した。試作に取り組んだ学生は、焼き菓子を製造・販売しているかつてのアルバイト先にお願いして、ブールドネージュに挑戦した。何回か試作して、簡単に作れることを確認した。

　学生は制約要因があるなかで、売上を伸ばすために知恵を絞った。制約要因とは、利用者にとっての作業のし易さ、既存の設備や器具で作ることができること、新しい材料の調達が難しいといった事項である。学生が商品開発に関して苦労した点は3つある。第1は、商品開発に想定以上の時間を要したことである。第2は、利用者の作りやすさに配慮した商品を考案することが難しかったことである。第3は、フードロス削減と両立させることである。

　商品の開発に「販売」が加わると、モチベーションはさらに高まる。学生にとって、自分が考案した商品への反応を消費者から直接聞くことができる機会は、アルバイトを含めてもほと

第5章　プロジェクトを終えて ～学生の視点・つばさの森の職員の視点～

んどない。ある学生は「自分が考えた商品が実際に販売される
光景に立ち会うことができ、お客さんが喜んでいる姿をみたと
きにすごくやりがいを感じた」ことを教えてくれた。別の学生
は、「自分達でデザインしたシールをかわいいと言ってもらえ
たとき、そしてマドレーヌが美味しかったという声を直接聞い
たときに嬉しく、やってよかった」と思った。SDGs や福祉団
体に興味をもった旨をマドレーヌを購入した市民から伝えられ
た時に、モチベーションがかなり向上した学生もいた。

　学生にとって、1 から開発に携わった商品を販売することは
とても貴重な経験となった。相手のニーズを取り込むことの大
切さも学んだ。商品の開発と販売は学生の自己成長にもつな
がったという。

Q7. リーフレットに込めた想いは？

　14 期生が作成したリーフレットのタイトルは「食べる社会
貢献―獨協大生×つばさの森―」であった。学生は、つばさの
森が使用していたリーフレットをもう少し明るくポップにして、
手に取りやすいように工夫することを考えた。メンバーで相談
しながらデザイン素材の選定と配置を決めた。リーフレットに、
学生とつばさの森がコラボしていることを示すストーリーを盛
り込んだ。

　15 期生は、14 期生のリーフレットは、獨協大生とつばさの
森がコラボしていることを伝えることで注目を集めて、購買行
動を誘発することを狙う企画だと理解した。15 期生は、つば
さの森のことを知らない人を想定して、つばさの森とはどのよ
うな事業所なのかを伝えることを意識してリーフレットを企画

105

した。そして、手にとってもらうためには、高級感とシンプルさが不可欠だと考えるにいたった。デザイン作成の経験者がいなかったため、学生はそれを初歩から学んだ。そして、中村さんと調整を繰り返しながら、リーフレットを完成させた。

「おいでよつばさの森」というタイトルが生まれた背景には、中村さんから「マドレーヌを買ってくださる方は多いが、つばさの森を訪問する方は少ない」と聞いていたことがある。学生は、つばさの森の知名度を向上させるためには、その活動を紹介するだけでは不十分だと考えた。リーフレットでつばさの森と学生、そして市民をつなげることを思いついた。自分達の成果物を掲載するなど、つばさの森が学生とコラボしていることも強調した。

15期生は、焼き菓子を包んでいるプラスチック製の透明な袋に貼る表記シールの制作にも注力した（資料5-1参照）。そのデザインにあたって意識したことがある。つばさの森のマドレーヌの購入者の年齢層が高いため、学生向けのデザインに大きく舵を切ると親しみが失われてしまうと考えた。従来のデザインを尊重しつつ、若者にも受入れられる路線を心掛けた。

資料5-1　表記シール（左からアップルティー、メープル、ストロベリー）

（出典）チームつばさの森2024（高安ゼミ15期生）作成。

第5章 プロジェクトを終えて 〜学生の視点・つばさの森の職員の視点〜

獨協大学構内、そして大学近隣で開催されるマルシェである
PICNIGOOD で販売した際に、「カワイイ」と言ってくださっ
た方が相当数おり、伝えたかったことが伝わったと感じたとい
う。

デザインについて、色や文字を工夫した。一つは、従来の表
記シールからデザインを大きくは変えてはいないものの、マド
レーヌがおいしくみえるような配色を心掛けたことである。も
う一つは、誰がみてもわかりやすいことを基準にデザインした
ことである。中村さんも分かりやすい背景色や文字のデザイン
にこだわった。

PICNIGOOD では、同じ商品について、新しい表記シール
を貼ったものと、従来の表記シールを貼ったものをほぼ同数机
の上に並べて販売した。そうしたところ、新しい表記シールを
貼った商品の方が、明らかに売行きがよかった。購入者に表記
シールの印象を尋ねたところ、かわいらしくて親しみやすいと
いう反応に加えて、どの種類のマドレーヌなのか、中身を識別
しやすかったという意見が寄せられた。中身を瞬時に判別でき
るデザインであったため、迷わずに商品を手にとった。情報を
整理して、メープルのマドレーヌならメープルであることを絵
でわかるデザインにしたことで、お客さんは迷うことなく気に
なる商品を手にとったのである。女性が手に取って、男性パー
トナーに渡すケースがとても多かった。PICNIGOOD では、マ
ドレーヌ購入者のおよそ8割が女性であった。

このように、表記シールの改良を起点に、女性のカワイイと
いう反応→マドレーヌを手に取る→購入という行動を導き出す
ことができた。消費者に訴求できるデザインを作ると、学生は
出店に立ち会えない場合でも売上に貢献できる。

Q8. 売上と利用者の工賃について

　第3章で述べたように、ゼミ生が獨協大学構内と PICNI-GOOD で販売した焼き菓子は約7千個、総額85万円ほどである。学生はこの成果を素直に嬉しく思い、つばさの森にわずかながらも貢献できたと自己評価している。

　ゼミ生は、つばさの森とプロジェクトを始める際に、新型コロナやウクライナ戦争などにともなう原材料価格高騰の影響で、焼き菓子の売上が年度ベースで800万円ほどからおよそ500万円に落ち込んでいたことを知った。筆者が思っていた以上に、ゼミ生は300万円のギャップを埋めることを意識していた模様である。学生は工賃が少しでも増えるように利益率が高い商品を作ることを心掛けたという。

Q9. 購入者の反応はモチベーション向上に繋がったか？

　この問いに対し、全員がモチベーションの向上につながったと答えた。日常生活のなかで、学生が考案したアイデアを形にできる機会はほとんどない。アルバイトで自分が企画した商品を試作する機会もないという。ゼミ生はアイデアが形になったことで「あっ、できるんだ」という感覚をもった。

　ゼミ生によると、利用者がマドレーヌを作っていることを知らない購入者が相当数いた。マドレーヌを買ったあとで知り、すごいねと言ってくれた人達がいた。この発言を聞いたゼミ生は自分のことのように嬉しくなったという。つばさの森とのコラボを通じて、ゼミ生は購入者が利用者を見る眼差しを変えることにも貢献したといえよう。

Q10. 改善が必要なことは？

　プロジェクトをとおして楽しかったことは、すでに述べたように、自分の想い、こうしたら売れるのではないかという提案、こうするとかわいくなるというアイデアが形になったことであった。それらに加えて、職員との交流も楽しさとやりがいにつながった。学生は中村さんが頻繁に大学を訪れて販売してくださったことに感謝している。2023 年 11 月に開催された雄飛祭（学園祭）にも、販売の様子を見に来てくださった。

　一方、改善が必要なことは、課題の具体的な設定、そして制約条件を把握するまでに時間を要したことである。学生は当初、今のつばさの森を改善して欲しいというざっくりとした依頼があったと受け止めた。何をすれば具体的に貢献できるのかを把握するまでに試行錯誤を繰り返し、商品を開発することに落ち着いたと理解している。それまでの過程で高校を含む販売チャネルの開拓などのアイデアを出したものの、つばさの森としては今の体制や事業内容を前提に売上を伸ばしたいという意向であった。

　ゼミ生は、つばさの森とのコラボを経験して、商品を開発したりリーフレットや表記シールを作成する際に、相手のニーズを取り込むことの大切さを学んだ。やりたいことを一方的に伝えるのではなく、相手が何を求めているのかを勘案しつつ提案することが重要であることを、身をもって知った。そのためには、メールか遠隔会議システムかを問わず、定期的に意見交換をする必要があると考えている。

Q11. 障がい者の社会参加と社会貢献について

　通学していた高校に知的障がいのある友人がいたゼミ生は、プロジェクトをとおして障がい者を見る目が変わった。利用者との交流を経験し、彼らも社会参加ができることがわかったという。そして、販売活動に取り組むなかで、障がい者がマドレーヌを製造することで社会貢献をしていると考えるにいたった。障がい者だから社会貢献ができないということでは決してない。ゼミ生はプロジェクトに参加して、彼らも得意分野をもっていることを理解した。

　14期生が制作したリーフレットに記した「食べる社会貢献」というキャッチフレーズに、多くの購入者が関心をもった。ある学生から、利用者が明るく働き、マドレーヌを食べて美味しかったと感じる消費者を増やす循環を作ることが、「食べる社会貢献」であるとの意見が聞かれた。学生によると、つばさの森が目指す次のステージは、消費者が質・量・価格で優れた焼き菓子を味わい、製造元を確認したらつばさの森であったという状況を作り出すことであるという。学生は、中村さんから障がいを前面に出さずに販売を伸ばしたいという意向を聞いていた。

　日本企業の社会貢献を論じる際に、「三方良し」という表現が使われることがある。売り手良し、買い手良し、そして世間（社会）良しのことである。筆者は、ゼミ生とつばさの森のコラボは、利用者による「作る社会貢献」、ゼミ生による「行動する社会貢献」、そして消費者による「食べる社会貢献」という3つの社会貢献から成り立っていると考える。それら3つが連動するほど売上が伸びて工賃に還元される。3者を繋げるツールが、商品、リーフレット、表記シールである。

110

第5章　プロジェクトを終えて〜学生の視点・つばさの森の職員の視点〜

Q12. 学生と地域主体との円滑な連携に必要なことは？

　地域貢献活動に取り組む学生と地域主体（企業、団体、役所など）の連携を円滑に進めるためには何が必要か？　ゼミ生によると、その第1は、地域のことをまったく知らない人を想定してプロジェクトを組み立てることである。今回の活動を経験して、つばさの森を含む障害福祉サービス事業所で利用者が作業をしていることを知らない人が多いことが判明した。多くの人々が知っているという前提を見直して、市民にアプローチする必要がある。マドレーヌの美味しさを多くの市民に理解してもらわないことには、共感や購買行動の拡大につながらない。

　第2は、連携する相手に対する先入観を取り除くことである。ゼミ生は今回のプロジェクトをとおして、はじめて利用者と接した。先述のように、彼らが抱いていた不安は杞憂に終った。利用者は本当に自分達となにも変らない。だからこそ偏見をもたないで、ありのまま向き合えたらいいなと思ったという。

　第3は、デザインを作成する際のソフトや遠隔会議システムの活用である。学生はつばさの森が表計算ソフトで商品案内を制作していることに驚いた。デザイン作成ソフトを使わないと、高級感やシンプルさの追求は難しい。加えて、コミュニケーションを円滑にするためのツールの選択が重要である。メール（文字情報）ではうまく伝わらないことが多い。遠隔会議システムを利用できるとコミュニケーションの質が高まる。その一方で、やはり対面での意見交換の効用も忘れてはならない。つばさの森での利用者との交流は、ゼミ生にとってニーズの把握と貴重な学びの機会となった。自分の目で確認することがモチベーションの向上につながる。

2. つばさの森の職員の視点

この節では、つばさの森の職員へのインタビュー内容を整理して掲載する。筆者がとりまとめた文章を職員に確認していただいた。質問項目は、学生の第一印象、学生とコラボしたことによる職員と利用者の気持ちの変化、利用者にとっての仕事をして工賃をえることの意味、SDGsを学んでいる学生と接して気付いたこと、「食べる社会貢献」というコンセプトの印象、コラボの成果、プロジェクトをとおして楽しかったこと＆大変だったこと、活動を終えての感想・自己評価、改善すべき点、学生と地域の企業・団体が地域連携を円滑に進めるためのポイントなどである。

Q1. 学生の第一印象は？

高安ゼミの学生と最初に打ち合わせをした際に、学生同士で物怖じせず自分の意見を言っていました。ゼミ生が議論をしているのを横でみていて、対立するかもと思ったのですが、関係が悪くなるわけでもない。皆さん自分の意見があってすごいなと思いました。女子学生の方が意見ははっきりしていたかもしれません。教員と学生の距離が近い、そして教員と学生が横並びの印象でした。

Q2. 学生とコラボしたことで職員の気持ちに変化はありましたか？

第5章 プロジェクトを終えて〜学生の視点・つばさの森の職員の視点〜

つばさの森としても、学生との本格的なコラボは初めてのことでした。学生のアイデアがあると、そのようなこともできるのだという気持ちになります。とてもいいエネルギーをもらいました。学生が真剣にきてくれたので、こちらも真剣に考えようと思いました。

若者効果は大きいと思います。職員の年齢層は高いので、若者と接する機会はほとんどありません。フレッシュな方がきてくれるだけで、パワーになります。こちらの気持ちもつられて高まります。若さにはそういう力があります。

Q3. 学生とコラボしたことで利用者に変化はありましたか？

利用者にとって、誰かがつばさの森を訪ねてくることは嬉しい出来事であり、ウエルカムです。つばさの森の事業所でもマドレーヌを販売しており、一般のお客さんが買いにきたときにも利用者は出迎えます。「自分のことを見てほしい」「できた、うまくいったところを見てほしい」という気持ちがあるからでしょう。いや、むしろ純粋にうれしいからかもしれません。

利用者は学生と話したいけれど、そうしてもいいのかなと思っているようです。獨協大学で販売した際に、いつもフレンドリーなある利用者が、学生と出店ブースからすこし離れたところまで、幟をもって宣伝に行ったことがあります。「ちょっと行ってきます」と、みんなでわいわいガヤガヤ、一緒に広場の方まで行って、帰ってきて、そうやってコミュニケーションをとることができるのだなと思いました。学生はすごくフラットに接してくれた感じです。15期生の学生は、つばさの森の館内を見学したときも喜んでいました。

113

Q4. 利用者にとって、仕事の対価として工賃をえることの意味は？

　利用者は教えてはくれないけれど、なんとなく推察できます。利用者にとって、働いて工賃をもらうことは大切な事です。単純にこれだけ売れましたということではなく、工賃をえることについて利用者も職員も嬉しい。障がいをもちながらも、みんな真面目に働いている。そのあたりを学生に伝えたい。工賃は数年前まで手渡しでしたが、今は銀行振込みになっています。明細書を連絡帳にぽいっといれてしまう利用者もいれば、じっと見つめている利用者もいます。

Q5. SDGs を学んでいる学生と接して気付いたことはありますか？

　コロナ禍の余韻が残る中で、SDGs を学んでいる学生とコラボして気付いたことがあります。どちらかというと、コロナ前の焼き菓子の製造・販売は、大量生産、大量破棄の面がありました。それがコロナ禍では、無駄をなくさないと利用者の工賃が減ってしまう展開になった。このため製造個数をぎりぎりに抑えて、けちけちの発想に転じました。そうしたところ、食品ロスが減った。食品ロスを減らすという考えが職員に植え付けられました。今では売れ残りが出たら、社会福祉事業団や施設に売ったりしている。どうしても売れない場合は、施設で値段を下げて販売している。食品ロスがなくなると、製造個数を落とすことができるので、作業にゆとりが生まれます。つばさの森は、SDGs 活動に取り組む社会福祉事業団として再スタート

第5章 プロジェクトを終えて ～学生の視点・つばさの森の職員の視点～

した可能性があります。

　中村氏によると、高安ゼミの14期生から冊子『日本 埼玉化計画』作成にあたってインタビューを受けたときに、自分にはそういう意識はなかったものの、実際に話しているなかで自分達が取り組んでいることがSDGsの達成につながるとの意識をもったという。食品ロスを出さないように製造する数を見極めるなど、普段当たり前にやっていることがSDGsにつうじる。学生の皆さんは難しいことを考え、日々課題を見つけていることが理解できたという。

　サツマイモが入っておいしい小松菜マフィンにも注目した。埼玉県の素材で作られていて、彩の国優良ブランドを獲得している。地産地消でSDGsにも貢献している。

Q6.「食べる社会貢献」というコンセプトの印象はいかがですか？

　障がいのある方々が生産する食品の積極的な消費をとおして、彼らの自立や就労を応援していこうという考え方が理解できるコンセプトだと思います。

Q7. コラボの成果、評価について教えてください。

　当事業所の新しい商品の提供だけではマンネリ化し、消費者の購買意欲を保ち続ける事が難しいと考えていた中、学生ならではの柔軟な発想や型にはまらないアイデア力は、新鮮で良い刺激になりました。

115

Q8. プロジェクトを通じて、楽しかったこと、逆に大変だった
　　ことは何でしょう？

　学生のエネルギッシュな行動力を目の当たりにし、自分も学生に戻ったように楽しくコミュニケーションをとることができました。利用者も学生との交流はとても楽しかったと話していました。大変だったことは、利用者支援や他業務を行う中で、学生とのスケジュールの調整が合わなかったり、時間が足りなかったりした事です。つばさの森はつばさの森で事業や作業のスケジュールが、学生は学生で時間割がそれぞれ固定されています。このためお互いの都合のよい時間帯を見つけるのが難しかった。

Q9. プロジェクトとしての今回の企画の評価、改善すべき点など

　私たちの課題であった商品のマンネリ化について、学生のアイデアを取り入れる事ができ課題解決につながりました。この企画の終了時に学生と評価や感想等を話せる場を作ることで次につながるのではないかと感じました。

Q10. 学生と地域の企業・団体との地域連携を円滑に進めるためにはどのようなことが必要？

　学生と企業や団体を結びつけることができる機関や施設の存在が必要だと考えます。今回は高安ゼミと草加市障がい福祉課を介して繋がることができました。そして、高安先生がゼミ生

に声掛けをしてチームが立ち上がり、つばさの森との交流を継続することができました。草加市内だけでも学生の支援を期待している福祉施設が多くあり、そのニーズは多様です。一方で、学生はゼミ以外の授業、部活サークル活動、アルバイトなどに取り組んでおり、福祉施設のニーズとのマッチングが難しいです。行政と大学が中心となり、マッチングとプロジェクト活動を支援する機能を担う必要があります。

　学生とのコラボには、資金面での補助が必要です。今回の高安ゼミとのコラボでは新規の物品購入はほとんどありませんでしたが、学生に経済的負担が生じていたことは間違いありません。また、同じ市内に立地しているとはいえ、獨協大学とつばさの森は結構離れており、交通費もかかります。遠隔会議システムが使えるものの、利用者との交流、施設の見学、商品の詳細な打ち合わせ、写真撮影などはつばさの森でなければできません。行政も活動費や交通費などの資金面での補助を考えた方が良いのではないでしょうか？

3. 普通と括りについて考える

（1）「普通」って何だろう

　つばさの森の職員によると、一般の人の普通と、障がいをもっている人の普通は違うという。

　一般の人が考える普通と、障がいのある子どもをもつ親が考える普通もだいぶ違う。障がいをもっているとちょっとしたことに喜びに感じる。例えば、倒れたものを戻せたという小さなことでも嬉しい。一般の人からするとそんなの当たり前という

ことになる。異なる視点から物事を見ることができるようになるべきです。こうした感覚があると、利用者をみる視線は変化する。ここで働いている人たちは障がいをもっているけれども、もの凄く普通です。障がいって一体何だろうと、とても疑問に思います。利用者は障がい者というよりも、こだわりが多く強い人と解釈するべきです。

　一人で通所して、ご飯が美味しかったらありがとうといえて、夜は9時に寝て、当たり前に生活している彼らをみていると障がいってなんだろうと思う。つばさの森でずっと働いているからそういう感覚なのかもしれませんが。彼らを初めて見る人は違った感覚をもつかもしれないけれど。障がいっていったい何だろうと思う。つばさの森は障がい者施設とはいえないのではないか。

　つばさの森の利用者には、一般の工場のラインの仕事であれば普通に働ける人が多い。ただし、こだわりが強い利用者や、コミュニケーションが難しい利用者はいる。製菓班のなかでも計量が苦手な人がいる。その一方で、細かい作業をやり続けられる利用者がいる。職員ができない作業をしている利用者もいる。彼らをリスペクトしてほしい。職員の仕事は、利用者の特性を見極めて、作業を組み合わせることです。やる気を出してもらうにはどうしたらいいかも考えている。

（2）「括り」って何だろう
　障がいのある人はこちら、ない人はあちらという「括り」に違和感がある。世間の括り方の方がおかしい。今はだいぶ障がい者を社会や教育のなかに入れていくようになってはいるが、それでも障がい者は別の施設に入っている。すべての人が一緒

第5章　プロジェクトを終えて　～学生の視点・つばさの森の職員の視点～

でいいのではないでしょうか。

　幼稚園や保育園の時代から障がい者と一緒にいるとそれが当たり前になる。人が困っていたら助ける行動に繋がる。障がいがあるから助けるのではなく、困っている人を助けるという気持ちがより芽生えるのではないか。今は難しいけれど、学校で障がいの話をもっとしたり、障がいをもっていても学校のなかに溶け込んでいけるようになるといい。

　学校教育は重要です。保育園・幼稚園時代から、障がい者と一緒にいるのが当たり前になることを期待しています。子供のうちの方が普通の範囲を広げやすい。障がいをもつ児童や生徒にどう接するのかと言う問題に加えて、集団のなかで普通の存在として受入れられることが大切です。今は、教育の中に受入れられるようになってきたが、それでも施設は別々になる。

おわりに

　今回のプロジェクトをつうじて、学生は知らず知らずのうちに、物事を一つの視点ではなく複眼的に、そして相手の立場に立って考えることの大切さを学んだのではないか。これは教室では得られない経験である。つばさの森の職員のメッセージは、「利用者は自分達と何ら変わらないという認識をもって欲しい」に集約できよう。

　本章を終える前に、普通について考えたい。多くの学生は普通の存在でいることを意識しているように思える。この場合の普通は他者と同じという意味である。そして、普通ではない人は排除される。宮島未奈著『成瀬は天下を取りにいく』の中

119

に、「普通ってなんだろうとはさんざん問われてきたテーマだが、目立たないことを普通と呼ぶのなら、成瀬は普通じゃない。[37]」という文章が書かれている。

　では、何割くらいの人が普通なのだろうか。普通を平均点辺りの人とすると、一人の人間が数多くの分野すべてで「平均」以上であることは難しい。たとえば、10の指標のすべてで平均以上の人は何割いるだろうか。平均を上回る分野、平均的な分野、平均を下回る分野が一人のなかに混在していることがほとんどであろう。すべての項目が平均を大きく上回る非の打ち所がない人は、ごく稀である。そのような人物でも、何一つ悩みがないということはなかろう。事故や加齢により、平均に達しない分野が増えることも想定される。

　つばさの森の利用者の仕事振りは、社会一般の基準でも普通である。仮にいずれかの分野が平均未満の人がいても、時間をかければ普通の作業ができるようになり、また他者の支援があれば普通に達することも十分に考えられる。普通の水準に達することが難しい分野がある場合でも、他の優れた分野で社会に貢献できる。つばさの森の職員は日常的に、利用者の普通の範囲を広げる活動をしているのではないだろうか。

　各人の考える普通の範囲が広がるほど、普通ではないと見なされる人は少なくなる。最終的には、多様性の尊重というフレーズそのものが成立しなくなる。学生は自分が普通であることを自作自演する必要はない。成瀬は普通ではないなどと言われない世界である。

---

[37] 宮島未奈『成瀬は天下を取りにいく』新潮社（Kindle版）p.107。

第6章

学生と地域のコラボを
推進するために

〜教員の視点〜

はじめに

　本章では、前章の学生の視点と職員の視点を踏まえたうえで、学生と地域主体（企業・団体・自治体）とのコラボをより有意義なものとするためのヒントを、教員の視点から整理する。以下では、まず、ボランティアとゼミ活動の違い、そして大学の諸制度について解説する。次に、大学が地域連携に関わる情報を関係者と共有する必要性、そして大学が備えるべきコーディネーション機能について述べる。最後に、学生がアイデアをカタチにしやすい環境の整備、リサーチ力、そしてコンテンツの作成力と発信力について記述する。なお、本章は、学生とのコラボを考えている地域主体を念頭に、3カ月程度で目標達成を目指す案件を想定して執筆されている。

1. 学生に期待するのはボランティア活動、それとも地域課題解決のための活動？

（1）コラボ案件の入口での整理

　学生主体の地域連携活動が成立するためには、学生と地域主体の適切なマッチングが欠かせない。これには学生から地域主体に働きかける経路と、地域主体から学生に働きかける経路がある。ここでは後者について考察する。

　筆者が地域主体から協力要請を受けた際にまず確認するのは、ボランティア活動と課題解決を目的とした活動のどちらが想定されているかである。

第6章　学生と地域のコラボを推進するために　〜教員の視点〜

　学生ボランティアは基本的に、学生が主催者の指揮命令系統に入り、あらかじめ準備された役割を果たすことを期待されている。分からないことがあれば、周囲のスタッフが教えてくれる。学生は個人として、あるいは部活サークルなどの一員としてボランティアに参加する。大学では、部活サークルは公認団体と非公認団体に分類される。前者には教職員の顧問がおり、大学から部室や活動費などが提供される。公認、非公認を問わず、多くのボランティアサークルが手話、こども食堂の手伝い、子どもの学習補助、献血活動支援、近隣地域のゴミ拾い、募金活動などに取り組んでいる。大規模自然災害が発生した際に、学生を災害ボランティアや復興ボランティアとして派遣する大学がある（単位認定する場合あり）。

　授業はボランティア活動とは異なる。すなわち、①指導教員のもとで教育研究活動として行われ、②学生は発表やレポート・論文の提出を求められ、③指導教員が成績評価に責任をもつ。授業形式は多様である。履修登録者が多い講義科目の場合は、フィールドワークよりも座学が中心になろう。小人数での授業であれば、企業や自治体の関係者を招聘しての実践的なグループワークが可能である。さらに、教員がプロジェクトの募集要項を公開して、学部・学科横断的に学生を募る手法もある。地域連携型PBLを展開できるのは基本的に、学生が授業に集い、指導教員のもとで共通の研究テーマに取り組んでいるゼミに限られよう。地域主体が地域課題の解決に向けて学生と連携しようとするのであれば、指導教員にコンタクトするのが近道であろう。高安ゼミとつばさの森とのコラボは、このケースにあたる。

123

（2） 地域主体による大学がもつ関連情報の収集

　企業・団体・自治体などの地域主体が取り組む最初の作業は、大学が提供する関連情報の収集である。まずは大学のウェブサイトを訪れることになろう。獨協大学であれば、「地域の方へ」のコーナーに地域連携関係の情報が集約されている。「学生生活」などのページからキャンパスライフの様子を垣間見ることができる。その他、「SDGs に関する取り組み」のコーナーには、学生の実践的な活動事例が掲載されている。大学ウェブサイトとは別に、SNS を運営している学部や学科もある。筆者にコンタクトする前の、つばさの森職員による事前リサーチは行き届いていた。

　教員の研究活動は、大学ウェブサイトの教員紹介ページ、研究業績欄、担当科目のシラバスなどで調べることができる。さらに、地域にかんする研究所を構えている大学では、その刊行物などが情報源になる。口コミも侮れない。教職員や学生と一緒に活動したことのある方の経験談は多様な情報を含んでいる。

　大学と地方自治体、あるいは企業などが連携協定を締結している場合は、自らの企画がその対象に含まれるのか否かを確認するとよい。大学にアプローチする際に、連携の必然性を主張する材料として使うことができる。例えば、獨協大学と草加市は 2023 年 11 月 8 日に、連携を深めることを目的に「草加市・獨協大学基本協定書」の変更協定書を締結し、「SDGs 達成のための連携」を追加した。

　学生とのコラボを検討している地域主体に、入手した情報を十分に検討したうえで、大学に問い合わせることを勧めたい（残念ながら、獨協大学は地域連携にかんする統一相談窓口を整備していない）。

（3）３つの関門（スケジュール調整、移動手段の確保、コミュニケーション・ツール）

　学生とのコラボを円滑に進めるためには、スケジュール調整、移動手段の確保、コミュニケーション・ツールという３つの関門を乗り越える必要がある。

　スケジュールが合わないと活動は停滞する。社会人が思っている以上に、学生は忙しい。学事日程を見ると、オリエンテーション、授業期間、定期試験期間、学園祭などが配置されていることがわかる。平日の日中に打ち合わせを設定することは、授業があるため難しい。ちなみに１年生から３年生まで、平均的な学生は１週間に11コマ程度（１コマ＝100分）の授業を履修している。部活サークルに所属している学生は、放課後の活動に加えて合宿や大会に参加することがある。ほとんどの学生がアルバイトをしている。さらに、近年就職活動の早期化に拍車がかかっており、３年生の６月よりインターンシップが本格化する。４年生は、春学期は就職活動、秋学期は卒業研究論文の執筆で手一杯になる。長期休暇中に海外短期留学に参加する学生や、帰省する学生がいる。結局のところ、コラボ案件に取り組む学生が確実にそろうのは、ゼミの授業にほぼ限られる。

　教員は授業計画を作成する。獨協大学では春学期は４月初旬から７月中旬まで、秋学期は９月末から翌年１月中旬までで、授業回数はそれぞれ14回である。教員にも定期試験やレポートの採点、入試業務などの繁忙期がある。教員がいくつもの地域連携プロジェクトを同時に抱えると業務がパンクしかねない。仮に11月に実施期間３カ月のコラボ企画の提案を受けても、進行中の企画やプロジェクトがあると対応は困難である。２月上旬にイベントが開催される企画への参加は、定期試験、入試

業務、春休みなどが重なり難しい。筆者のゼミがつばさの森から提案を受けたタイミングが1カ月遅れていたら、当時の2年生は他のテーマに取り組んでいた公算が大きい。

　大学と活動場所との距離、そして移動手段も重要な要素である。100分の授業時間のうち往復に60分を要すると、実質的な活動時間は40分になってしまう。

　コミュニケーション・ツールの活用も円滑な意思疎通に不可欠である。文字情報をやりとりするメールでは限界がある。新型コロナが流行して以降、遠隔会議システムが広く普及したことは朗報であり、打ち合わせを効率的に行うことができるようになった。欠席した学生は、クラウド上に保存された動画を後で視聴できる。一方で、商品開発やデザインに関しては、対面での打ち合わせの方が作業は効率的に進む。

2. 大学による情報の受発信とコーディネーション機能の充実

　大学が地域連携を円滑に進めるためにもっとも大切なことは、普段から地域で起きていることに関心を持ち、アンテナを張ると同時に、大学の情報や取組み事例を分かりやすく地域に発信することである。これなしには、教職員主導か学生主体かを問わず、地域連携は円滑には進まない。本節では、大学が地域の情報の受発信で果たすべき役割と、地域主体と大学を結ぶコーディネーション機能について述べる。

（1）情報受発信機能

　大学が地域連携にかかわる情報を主体的に発信しないと、学生と地域主体は適切にマッチングされない。獨協大学の場合は、その情報が市民に十分には届いていない。

　大学は、ウェブサイトでの情報発信に加えて、知的成果物を自治体、教育機関、教育委員会、図書館、自治体の地域連携担当部署などに届けなければならない。それには、紀要、研究所の所報、学報、周年記念誌、SDGs報告書、大学ニュース（雑誌）、各学部の機関誌、学生が作成した冊子などが含まれる。

　獨協大学は、草加市立中央図書館に刊行物を寄贈するとともに、地域連携の拠点である獨協大学コミュニティスクエアに展示コーナーを設置すべきである。経営資源を投じて作成した知的成果物が市民に届かず、地域連携に活用されていない事態は改めなければならない。また、学内外からの問合せが、様々な部課室でたらい回しにされることがないようにしなければならない。

　大学は地域の情報を主体的に収集して教職員や学生に提供する役割を担うべきである。ここで重要なことは、地域活動に興味をもっている教員や学生が情報に容易にアクセスできることである。大学としても、地域情報の集積と分析なしには、地域とどの分野でどのようにかかわるべきかを判断できない。地域向けの広報戦略も立案できない。

　地域連携は、大学のイメージアップ、寄付の募集、そして入試広報などでも活用できるコンテンツでもある。ただし、何でもかんでも地域連携と紐付けてアピールすれば良いというわけでは決してない。筆者は、学生主体の地域連携にかんする大学広報の在り方とは、学生が主体的に取り組んでいる活動を研究

教育の視点から吟味し、その社会的意義を発信することだと考える。そして、実際に汗をかいた職員、利用者、そして学生などにスポットをあてるのが筋である。

（2）コーディネーション機能

　学生の視野は、新しい出会いや経験を積む機会なしには広がらない。機会の提供も大学の教育活動に含まれる。地域連携を推進するために、大学はコーディネーション機能を備えなければならない。確かに、大学の支援がなくても地域で活動できるゼミや部活サークルは存在する。地域連携の裾野を広げるためには、コーディネーション機能を高めて参加者を増やすことが肝要である。

　コーディネーションとは、学外から届いたコラボ案件をそのまま教員や部活サークルに転送することではない。筆者は、地域の動向にアンテナを張りつつ、学生や教員の活動内容を頭に入れ、研究教育への貢献、学生の人間形成、そして大学広報などにも目配りしながら情報を必要とする主体に提供することだと考える。情報をやり取りする対象には、学外者に加えて教職員や学生などの学内関係者も含まれる。両者が同じ情報をもつことがマッチングを円滑にする。

　コーディネーション機能が必要な理由は3つある。第1は、地域主体、学生、教職員がコラボ案件に参加するハードルを下げて、参加者を増やすことである。PBLや地域連携に取り組んだ経験のある教員は少数派である。もちろん、科目特性により地域連携を必要としないケースは多い。しかしながら、卒業するまでに学生がキャンパスライフを過ごす地域で何らかの活動を経験することに意味はあろう。

第6章　学生と地域のコラボを推進するために〜教員の視点〜

　第2は、コラボする当事者間の調整コストを低下させることである。学生や教職員、そして地域主体が動員できる資源が限られているからこそ、コーディネーション機能を高めてマッチングを効率的に進める必要がある。

　第3は、大学として地域との関係強化のための施策を立案するための情報収集や人的ネットワークの拡大に貢献することである。コーディネーターの業務には、地域のキーパーソンとの関係性の構築や、自治体の担当部署との連携なども含まれる。これらは、地域の課題を把握するための重要な経路である。コーディネーターが、入手した情報をもとに自ら企画を考え、多くの関係者を巻き込みながらプロジェクトを推進できるようになることが望ましい。

（3）コラボ案件チェックリストの活用

　大学は、自身についての情報と、地域主体が発信している情報の双方の収集と整理に努めなければならない。各種パンフレット、プレゼン資料、報告書、公開されている写真や動画、自治会新聞、市役所の広報誌、新聞記事などをファイリングするだけでも、地域で行われている活動をかなり把握できる。

　筆者は本書で述べてきたことを踏まえて「コラボ案件事前チェックリスト」（図表6-1）を作成した。地域主体、そして地域での活動を検討しているゼミや部活サークルの双方に記入してもらうことで、マッチングの精度を高めることができよう。ボトルネックになる恐れのある事項を洗い出して、プロジェクトの開始時点から対策を立てることにも役立とう。コラボを見送るべき案件を見つけ出すことにも活用できよう。

　コラボ案件事前チェックリストのなかに、前章の学生の視点

を踏まえた項目を配置した。とくに地域主体に考えていただきたいことが3つある（もちろん、学生や教職員も）。第1は、プロジェクトを大変ではあるが楽しい案件に仕立てる視点をもつことである（1-(3)）。わくわく感がないと長続きしない。学生が主体的に取り組んでいるのではなく、やらされているプロジェクトになってしまうとモチベーションは低下する。第2は、企業・団体・自治体などが具体的な課題（1-(2)）、そしてプロジェクトを実施するうえでの制約条件（2）を初期段階で示すことである。第3は、期待されている「若者らしい斬新なアイデア」の内容を言語化して、具体的に何を改善して欲しいのかを示すことである（3-(3)）。

3. 学生とのコラボを成功に導く環境整備と学生の能力の活用

（1）アイデアが生まれやすい環境を整える

　プロジェクトを成功に導くには、何かしらのアイデアを捻り出す必要がある。だが、斬新なアイデアを考えだして実行し、成果に結びつけることは決して容易ではない。筆者にとってもハードルは相当に高い。これまでに取り組んできたPBL、そしてつばさの森とのコラボの経験より、学生にとってアイデアが生まれやすい「環境」について考える。

　第1は、先入観や思い込みを排除して、地域、組織、人物をそのまま受入れることである。学生は地域の実情や地域主体にかんする予備知識がない状態から活動に着手する。コラボの初期段階で現場を訪れ、専門家や当事者に取材して地域や課題の

第6章 学生と地域のコラボを推進するために ～教員の視点～

図表6-1 コラボ案件事前チェックリスト

---

1. コラボ案件の概要
（1） プロジェクトの概要と目的（200字程度）
（2） コラボ案件の社会的意義（誰のどのような課題を解決しようとしているのか）（100字程度）
（3） コラボ案件の魅力・面白い点（100字程度）
（4） 大まかなスケジュール
（5） 重要業績評価指標（KPI）（イベントの集客人数、商品の売上などがあれば）

---

2. コラボを進めるうえでの制約条件（分かる範囲で）

---

3. 学生にかんする事項
（1） 必要とされる参加学生の人数
（2） 学生が期待されている役割・作業など
　　　※商品開発の場合、学生が受けもつ工程（企画・製造・販売・広報・その他）
（3） 特に学生の貢献（アイデア）が求められる分野
（4） 学外の主たる活動場所、移動の経路・手段
（5） 学生参加報酬の有無
（6） 学生のキャリア形成への貢献（簡潔に記入）
（7） 学生によるSNSでの情報発信ニーズの有無
（8） 利用可能なコミュニケーション・ツール

---

4. アウトプットにかんする事項
（1） 活動報告会開催の有無（開催する場合は概要を記入）
（2） イベント開催の有無（同上）
（3） 成果物（リーフレットや冊子、商品など）の作成予定
　　　（作成する場合は大まかな予算、配布先、活用方法）

---

5. 教員に期待する役割（簡潔に）

（出典）筆者作成。

実像を把握する。

　第2は、パートナーと信頼関係を築くことである。企業、団体、自治体などの事業内容や意思決定プロセスなどを理解するとともに、相手の置かれた状況を踏まえたうえでニーズを把握する。他方で、自分達が何を考えており、何ができるのかを相手に分かってもらうための努力も欠かせない。何事も対話を重ねて、一致点を見つける。

　こうしたプロセスを経て、信頼関係が醸成される。世代間ギャップが存在しても、意見交換ができるフラットな関係を築く。学生は、アイデアを否定されないという安心感を抱くことができる。ただし、地域主体は、何をいつまでにどのレベルに進めて欲しいのかを伝える必要がある。

　第3は、アイデアを「課題解決策のための方法」と言い換えることである。方法を問われた方が、学生にとっては取り組みやすい。なぜならば、必要なのはアイデアの斬新さを競うことではなく、課題解決方法だからである。既存の方法で解決できるのであれば、それを使えばよい。ここで重要なことは、なぜ、それを解決しなければならないのかという理由（ニーズ）を理解していることである。そのうえでどの手段が適切かを考え、デザインに取りかかりカタチにする。つばさの森とのコラボでは、商品開発、リーフレット、表記シールなどは、マドレーヌを広く市民に広めて利用者の工賃を確保するための手段であった。忘れてはならないのは、アイデアが斬新でも、時間や費用に制約があると実施されないことである。

　第4は、プロジェクトが具体化するなかで、必要だけれども知識が足りない分野を主体的に学ぶ姿勢である。自分達の強みを把握したうえで、足りない部分があれば新たに学ぶ。

第6章 学生と地域のコラボを推進するために 〜教員の視点〜

　第5は、チームで議論する機会を意識的に作ることである。アイデアを精緻化する作業は1人よりも、課題を共有しているチームで行った方が結果は良い。場合によっては、外部専門家に参加してもらう手もある。取り組んでいるテーマをまったく知らない人物にアイデアをぶつけて意見を集めることも価値がある。

　第6は、学生が自ら考案したアイデアを実行して検証するプロセスを設定することである。つばさの森とのコラボの例で言うならば、表記シールをこのように工夫すると消費者の行動がこのように変わるのではないかとの仮説に基づいて、実際に自分で表記シールを作成したところ、狙い通りの効果をえられた。仮説が検証されたときにやりがいや達成感を味わうことができる。

　第7は、進捗状況をデータで確認することである。これにより商品開発やプロジェクトの途中でアイデアの軌道修正が可能になる。つばさの森とのコラボの場合は、販売のつど商品別の売上個数を確認できた。また、販売価格が100円から120円へ、そして150円へと改定されたことの販売個数への影響も把握できた。自分達が考案した新商品がどの程度受入れられているかを確認しながらプロジェクトを進めた。

　学生は多くのアイデアを思いつく。それらすべてを実施することはできない。プロジェクトには予め終了期限が設定されており、様々な制約条件がある。そうしたなかでアイデアをカタチにして、課題解決にある程度貢献できたならば、プロジェクトは成功したといえる。やり残したことがあれば、次の機会に挑戦すればよい。

133

（2）学生のリサーチ力を活用する

　地域主体は学生のリサーチ力を積極的に活用すべきである。アイデアは良質のリサーチに支えられる。リサーチが不十分な場合、課題設定を誤る恐れがある。

　インターネット時代では、リサーチの広さと深さの双方で学生が社会人を上回ることが起こりえる。例えば、一つのテーマについて、学生5人のグループが一週間調べ上げるとかなりの情報が集まる。大学には、図書館やデータベースが備わっている。教員からアドバイスを受けることもできる。学生を対象にした簡易アンケートも可能である。

　好奇心が旺盛な学生は、取材に積極的である。現地調査や専門家へのヒアリングをいとわない学生は多い。つばさの森とのコラボでは、百貨店などを訪れて調査するのみならず、試作品を作って実現可能性を検証した学生が現れた。

　地域主体は、学生とのコラボをつうじて、間接的に大学の知的資産にアクセスできるのである。教員がもつ人的ネットワーク、図書館、データベースなどの活用である。地域住民が通常接する機会のない人物にもコンタクトできる。つばさの森は学生とのコラボにより、獨協大学の知的資産のみならず、第3章で取り上げたフードシステムにもアクセスできた。

　地域主体がすべきは、手持ちの情報と異なる経路で集められた学生の情報を用いて、解決すべき課題を学生と一緒に議論することである。これこそに価値があり、学生にとってはまたとない学びの機会となる。筆者の思い込みかもしれないが、社会人は、所属する組織で受け継がれてきたフォーマットに従い、報告や承認をえることを目的に情報を整理しがちである。資料のなかの情報は、アイデアの面白さを強調するよりも、決裁が

第6章 学生と地域のコラボを推進するために ～教員の視点～

下りることを目的に配置される。これに対して、学生の価値観は、おもしろいこと（＝やる価値があること）、つまらないこと（＝やる価値がないこと）であるように思える。つまらないことに時間をかけても自己成長につながらない。

さらに、プロジェクトが進むにつれて、クラウド上に保存されるリサーチの成果が雪だるま式に増える。これはプロジェクトのデータベースとなり、文書情報のみならず写真や動画も共有される。また、教員は学生が情報を蓄積しているフォルダを確認することで、プロジェクトの進捗状況や今後の展開をある程度予測できる。

（3）コンテンツの作成力と発信力

①コンテンツ作成力

学生のコンテンツの作成力と発信力も、プロジェクトに活かすことができる重要な資質である。ここでのコンテンツは、冊子、リーフレット、ポスター、ポストカード、動画、写真、SNS（Instagram や TikTok）などを含む。無料、あるいは安価なソフトウエアで高レベルの作品を作ることができる。印刷コストの低下が進んでおり、学生グループでも経済的な許容範囲に収まる。

学生が生み出すコンテンツは、地域資源になる。高安ゼミでは2024年11月までに冊子17種類、リーフレット8種類を作成した。いずれも個性的な作品である。冊子とリーフレットを草加市民を含む多くの方々に配付してきた。すべての冊子は獨協大学図書館に、草加市のテーマを扱った冊子は草加市立中央図書館にそれぞれ所蔵されている。

作成したコンテンツをインターネット上に保存・公開して、

135

地域資源として提供している。例えば、草加本染 LOVERS（13
期生）は、草加市の３大伝統産業の一つである草加本染のバー
チャル博物館をインターネット上に構築した。草加本染の歴
史、埼玉県伝統工芸士である昼間時良氏の匠の技、自らが製
造した本染製品などの情報が格納されている。アクセス数は
Instagram や X（旧 twitter）を含めておよそ１万件に達した。

②広がるコンテンツの２次利用

　ゼミ生が作成したコンテンツの第３者による２次利用の事例
が増えている。ゼミ生は、自分達の活動が地域の課題解決に貢
献することを期待しており、コンテンツの２次利用にオープン
である。地域のニーズを想定して作成されたコンテンツは、地
域主体にとっても魅力的である。

　これには、まつばら避難所リサーチ隊（14 期生）が 2023 年
12 月に獨協大学コミュニティスクエアにて、大学近隣の子育
て世代を対象に開催した防災セミナーが該当する。その際に活
用した冊子や展示パネルが草加市社会福祉協議会と日本都市整
備機構（UR）の関連会社の目にとまった。そして 2024 年 10
月に大学近隣地域で開催された防災セミナーで冊子が配布され、
パネルが展示された。

　草加市役所ホームページの危機管理課のコーナーに、災害
と共生 2020 チーム（11 期生）が制作した「草加の絆は命を守
る　よつはちゃんと避難所を学ぼう」（PDF 版）が掲載されて
いる。同チームは、2022 年 2 月に同課が主催した防災講座「コ
ロナ禍から見えてきた避難所運営のカタチ」で発表者を務めた。
学生がプロジェクト活動を終えたあとも、コンテンツは同市の
ホームページに掲載され、地域を支える役割を担っている。

企業とのコラボ事例もある。SDGzoo チーム（13 期生）は2022 年 12 月に東武動物公園で生物多様性と絶滅危惧種を学ぶためのスタンプラリーを実施し、およそ 3,000 人の来場者にスタンプラリーブックを配布した。同じ頃に毎日新聞大阪本社が天王寺動物園などで SDGzoo（毎日新聞社の登録商標）イベントを開催していた。2024 年 3 月に毎日新聞東京本社より筆者に企画提案が示され、2024 年 11 月に東武動物公園で、SDGzoo イベントを同社、高安ゼミ、同動物公園近くに立地する埼玉県立杉戸高等学校で共催することになった。高安ゼミは、約 5,000 冊が配付されたスタンプラリーブックに掲載されたコンテンツ、イベントの運営ノウハウなどを提供した。

おわりに

本章では、教員の視点から学生と地域主体がコラボを円滑に進めるためのポイントについて解説した。一般的に、学生とのコラボはボランティア活動、すなわち多くの若者に地域に関心をもってもらい、地域の人々と交流することを出発点としているように思える。学生が個人で参加したり、部活サークルの一員として参加することは立派な地域貢献である。しかし、その一方で、地域の課題を調査研究の視点から掘り起こして、解決策を一緒に考える地域貢献があることを忘れてはならない。

重要なことは、地域のニーズと学生や教職員のニーズをマッチングさせることである。そのためには、大学による情報の集約や発信、そして各種コーディネーション機能を高めることが不可欠である。他方、地域主体は学生のアイデアが課題解決に

つながりやすい環境を整えるとともに、学生のリサーチ力やコンテンツ作成力を企画に取り込むべきである。

　人口減少が加速すると、人と人の対面での交流は減り、アイデアが直接交換される機会が失われる。一般的なアイデアやノウハウであれば、インターネットで収集できる。しかし、地域のニュースや課題の多くは、人的ネットワークのなかで共有されているのではないだろうか。

　高齢化が進む日本において、若者の希少性が高まっている。今から半世紀前の 1975 年当時の日本人の平均年齢はおよそ 30 歳であった。まちなかで若者がたむろしている光景は珍しくなかった。2022 年に平均年齢は 48.2 歳に達した（国立社会保障・人口問題研究所「人口統計資料集 2023」による）。人手不足下での就職活動が示しているように、希少資源としての若者への需要は高まっている。だからこそ、大学は新しい学問を学んで、社会を変えるアイデアを生み出して行動する人材を輩出しなければならないのである。

おわりに

筆者は、つばさの森からコラボの打診を受けた 2022 年 10 月当時、マドレーヌを題材に地域連携にかんする本を書くことになるとはまったく想像していなかった。利用者が心を込めて焼き上げたマドレーヌにそれだけの魅力があるのだろう。

最後に、筆者が今回のプロジェクトを通じて考えた 4 つの点、すなわち大学と地域連携、地域で問う SDGs の基本理念、学生が地域連携で担う役割、そしてつばさの森とゼミ生が紡ぐ地域について述べる。

1. 地域連携の推進に必須の大学とセンスと胆力

大学はいつまで存続できるのか。社会から必要とされる大学は生き残り、社会から見放された大学は消える。獨協大学は 2024 年に創立 60 周年を迎えた。創立 100 周年にあたる 2064 年に存在していると言い切れるのか。

大学衰退論の出発点は、たいていの場合少子化である。入学者数の減少が学納金収入の不足を招き、経営の継続性が失われる展開である。加えて、大学教育への需要減少も考慮すべき要因である。外国の大学に受験生が流れ、意気軒昂な高校生は起業を志向し、インターネットを活用した大学が人気を博す。地域の社会・知的基盤になることができない大学は、社会のニーズに適応できない卒業生を輩出し続けてしまい評判を落とす。

獨協大学のような東京近郊の大学には、特色ある地域文化を

醸成する主体的な努力が求められる。東京都心の大学であれば、海外に東京の最新トレンドを発信することは難しくない。地方の大学は希少性のある地域資源で差別化できる。東京近郊に立地する大学のポジションはいかにも中途半端である。その獨協大学にチャンスが巡ってきた。草加市にはもともと、草加せんべい、皮革産業、本染浴衣という伝統産業が3つもある。獨協大学前＜草加松原＞駅西口の大規模再開発は、100年に一度のチャンスであり、大学として地域コミュニティの形成と文化の発信に参画できる。草加市は2024年にSDGs未来都市に選定された（2024年度時点で、全国の地方自治体のうち、認定されているのは206都市に限られる）。

　では、どうすれば獨協大学は好機を活かすことができるのか。必要なのは、センスと胆力である。2011年3月11日に東北地方は巨大地震に見舞われた。その後、多くの大学が学生ボランティアを被災地に派遣した。獨協大学には、「学生が瓦礫の釘を踏み抜いて破傷風になるおそれがあるため、学生のためを思って大学としてボランティアを派遣しないことを決めた」という「都市伝説」（真偽は不明）が残る。

　筆者が2011年8月下旬に宮城県石巻市の社会福祉協議会に面した歩道を歩いていたところ、箱根駅伝で注目を浴びつつあった大学の学生達が揃いの青いTシャツを着て歩道整備に精を出していた。2つの大学の違いはどこからくるのか。筆者はセンスと胆力だと考える。某大学の活動は、学生の教育、被災地の復興に加えて、地域での大学への信頼醸成にも繋がる。その大学は石巻市民から末永く感謝されるに違いない。すべてのリスクをゼロにすることはできない。某大学には安全に十分に配慮する企画力と、学生ボランティアの派遣にゴーサインを

おわりに

出す胆力が備わっていたのであろう。地域連携のための組織を
設立して専任スタッフを配置して形式を整えれば、すべてが上
手くいくということでは決してない。

2. 地域で問う SDGs の理念「誰一人取り残さない」の意味

SDGs とつばさの森を結ぶキーワードは、「誰一人取り残さない」(No One Left Behind) であろう。2015 年 9 月にニューヨークの国際連合本部に世界の首脳が集まり採択された「我々の世界を変革する：持続可能な開発のための 2030 アジェンダ」の中核を成す文書が SDGs である。このアジェンダは、2030 年をターゲットにした、人間、地球及び繁栄のための行動計画であり、その基本理念が誰一人取り残さないである。

2030 アジェンダは、人権を重視している。その文書には、「我々は、世界人権宣言及びその他の人権に関する国際文書並びに国際法の重要性を確認する。我々は、すべての国が国連憲章に則り、人種、肌の色、性別、言語、宗教、政治若しくは信条、国籍若しくは社会的出自、貧富、出生、障害等の違いに関係なく、すべての人の人権と基本的な自由の尊重、保護及び促進責任を有することを強調する。」と記されている（日本の外務省仮訳、下線は筆者による）。

SDGs は国際条約ではなく、国連総会で採択された文書である。したがって、17 の目標と 169 のターゲットに法的拘束力はなく、達成できなくとも罰せられることはない。そうだからこそ、達成に向けて我々が主体的に取り組む必要がある。

141

SDGs の理念は、草加市が掲げる「だれもが幸せなまち　草加」につうじる。草加市が東京に近接した住宅都市のポジションから、「SDGs 学園都市」へと脱皮することを期待したい。草加市、獨協大学、UR 都市機構、東武鉄道、地域住民、地域に関わりのある事業者などが、獨協大学の近隣地域で連携しながらまちづくりに取り組むことになろう。連携という言葉からは物事が円滑に進みそうな印象を受けるが、何を目的に誰がいかなる取組みをするのかを詳細に設計する必要がある（先述のように 5 者間で協定書は結ばれている）。地域連携の先に、地域文化の形成と社会関係資本の育成も視野に入れるべきである。

3. SDGs の先導役としての学生

これまでに高安ゼミ生は数多くの地域連携 PBL に取り組んできた。これは、地域にとってどのような意味をもつのか。ゼミ生は、地域に新しいアイデアを供給し、実践し、その成果を広く地域で共有する役割を担ってきた。こうした役割を担うことのできる人材のストックがないと課題は解決できず、SDGs の達成は遠のいてしまう。ゼミ生が地域で果たしている役割は次の 4 つに整理できる。

第 1 は、アイデアを地域に提供することである。筆者は、ゼミ生の活動が地域主体にとってアイデアが生まれるきっかけになることを期待している。草加市を舞台にした PBL は、商品開発、地域連携、社会的包摂、多様性を含む広がりと深さのある活動に昇華した。

第 2 は、繋がりを生むことである。ゼミ生が PBL に取り組

むたびに、新たな人、新たな企業や団体との繋がりが生まれる。面白いことに、市民が学生の活動に興味を持ちはじめる。自治体、企業、NPO・NGO、地域住民などとの連携を通じてSDGsの達成を目指す学生の活動は、社会関係資本の醸成をもたらし、住みやすいまちの基盤を形成しよう。

第3の役割は、情報の発信力である。商品開発を手掛けた5つのチームが配布した冊子はおよそ1,500部、リーフレットは1,400部ほどに達する。アンケートに回答してくださった方は計500人程度、イベントに出展した学生のブースを訪れた方は計3,000人ほどになろう。さらに、メディアを通じて繋がることができた人数は百万人単位である。

第4の役割は、ゼミ生と交流するなかで、自らの仕事や活動がSDGsと連動していることを多くの方々に気付いてもらうことである。この気付きにより、活動に新たな意味が加わるとともに、モチベーションの向上につながる。

地域の皆さんへのお願いしたいことがある。学生の行動を温かい目で見守っていただきたい。10年ほど前に、ある学生ビジネスアイデアコンテストに出場した際に、とある大企業の方に「先生のところの学生さんはお金儲けに縁がなさそうですね」と言われたことがある。確かに、ゼミでは金儲けの方法は勉強していない。むしろ、一年で4単位にしかならないゼミ活動に、アルバイトの時間を犠牲にして取り組んでいる、タイパ・コスパの悪い集団である。だが、見方を変えると、お金にならないことに集中しつつも生きていられるというのは幸せなことである。儲からないけれども対応が必要なことに取り組む人がいないと（もちろん正当な対価は支払われるべき）、いつまでも課題は解決されず、社会は円滑に機能しない。

4. つばさの森と学生が紡ぐ地域の糸

　つばさの森とのコラボを通じて印象的だったことは、つばさの森の外部との繋がりである。焼き菓子の販売活動以外の接点も多い。仕事に真摯に取り組んでいる利用者は、社会に貢献している。そして、マドレーヌをつうじて様々な人を繋いでいる。今回のプロジェクトで、学生もその一員に加わることができた。一方で、ゼミ生はSDGsにかんする地域連携PBLで多くの人々を繋げてきた。つばさの森とゼミ生が地域で紡ぐ糸は、着実に広がっている。

　食品・お菓子類を製造している障害福祉サービス事業所は全国に多数ある。一方、旺文社によると2024年度に学生を募集した大学は796校あるという。学習指導要領の改訂により探求学習が必修化された高等学校を含めると、地域連携の潜在的な担い手はかなりの数になる。利用者が作ったお菓子をテーブルの上において、なんだかんだと学生・生徒と職員がアイデアを絞り出す光景が全国のいたるところで繰り返されることを期待したい。

　本書は多くの方々のご支援・ご協力なしには誕生しなかった。焼き菓子を購入し、食べる社会貢献に協力してくだった獨協大学の教職員と学生、そして大学近隣地域の皆さまに感謝申し上げる。草加市社会福祉事業団事務局長の竹城満博氏、つばさの森所長の岡﨑好恵氏、同主任・生活支援員の中村綾子氏をはじめとするつばさの森関係者には、焼き菓子の企画や販売に慣れない学生をご指導いただいた。利用者の皆さんとの交流により、

おわりに

学生は複数の視点をもつことの重要性に気付くことができた。

　学生の活動を支援してくださった獨協大学の関連部課室の職員の皆さんのお陰で、焼き菓子を構内で円滑に販売することができた。新聞記者の方々がまとめてくださった高安ゼミとつばさの森のコラボにかんする記事は、学生のモチベーションの向上や販売増につながった。スケジュールがタイトななか、つばさの森との共創活動にたずさわった総勢 10 人のゼミ生に拍手を送りたい。末筆になるが、本書の出版を取り仕切ってくださった株式会社風詠社の大杉剛氏、そして編集担当の富山公景氏に感謝申し上げる。

▼獨協大学経済学部高安健一ゼミプロジェクト参加学生リスト

チームつばさの森（14期生）

小林 祐輝

横島 もえ

上原 未来

小松 衛

山川 穂乃佳

安藤 清楓

つばさの森2024（15期生）

中條 愛文

柳瀬 晴佳

村上 友望

塚田 達也

▼社会福祉法人　草加市社会福祉事業団　つばさの森ウェブサイト（マドレーヌコーナー）

https://sswo.or.jp/shop

▼獨協大学経済学部高安健一ゼミナールフェイスブック

https://www.facebook.com/takayasuseminar2017/

《参考文献》

・相澤哲（2024）「共生社会（ソーシャル・インクルージョン）とは」
（小山望編集代表『共生社会学入門―多様性を認めるソーシャル・イ
ンクルージョンをめざして―』福村出版所収）pp.7-16。

・新目真紀・玉木欽也・中邨良樹・高松朋史（2020）「未来戦略デザイ
ン・ビジネスプロデューサー育成プログラム―SDGs と CSV を両立す
るソーシャルビジネス構想を目的とした PBL の実践 ―」統計未来研
究所（第 11 回横幹連合カンファレンス資料）。

・井澤裕司（2018）「食と経済学―市場を通じた食の取引―」（朝倉敏
夫・井澤裕司・新村猛・和田有史編『シリーズ食を学ぶ 食科学入門
―食の総合的理解のために ―』昭和堂所収）pp.77-96。

・池田幸代・小早川睦貴・中尾宏（2016）「大学の地域連携による学生
教育の取り組み―地域資源を活用した商品開発プロジェクト ―」『東
京情報大学研究論集』Vol.20 No.1 pp.1-13。

・池田千登勢（2020）「障害者就労継続支援 B 型事業所の授産商品開発
における効果的なコラボレーションプロセスの要素分析と応用の可能
性」『日本感性工学会論文誌』Vol.19 No.3、pp.243-253。

・池田千登勢（2022）『インクルーシブデザイン・コラボレーションの可
能性―就労継続支援 B 型事業所の商品開発支援のあり方―』風間書房。

・糸山智栄・今村主税・土手政幸・難波江任・原田佳子・全国食品ロス
削減研究会編著（2022）『瀬戸内食品ロス削減団―フードバンク活動
入門―』クリエイツかもがわ。

・伊吹英子・古西幸登（2022）『ケースでわかる実践パーパス経営』日
本経済新聞出版。

・岩崎邦彦（2017）『農業のマーケティング教科書―食と農のおいしい
つなぎかた―』日本経済新聞出版。

- 内田雅昭（2021）『シリーズ食を学ぶ 食の商品開発—開発プロセスの A to Z—』昭和堂。
- 折笠俊輔（2021）『農家の未来はマーケティング思考にある—EC・直売・輸出 売れるしくみのつくり方—』イカロス出版。
- 小林富雄（2018）『改訂新版 食品ロスの経済学』農林統計出版。
- 河野恵伸（2021）「食品マーケティング」（『フードビジネス論—「食と農」の最前線を学ぶ—』ミネルヴァ書房所収）pp.98-110。
- 佐藤順子編（2018）『フードバンク—世界と日本の困窮者支援と食品ロス対策—』明石書店。
- 清水みゆき（2016）「食品製造業と食品企業の展開」（髙橋正郎監修・清水みゆき編『第5版 食料経済—フードシステムからみた食料問題—』オーム社所収）pp.101-121。
- 関川靖・山田ゆかり・吉田洋（2010）「地域ブランドにおけるフードビジネスの役割」『名古屋文理大学紀要』第10号 pp.115-126。
- 関川靖・山田ゆかり・吉田洋（2012）「地域ブランド食品による地域貢献と大学の連携—人材育成と大学教育の視点から—」『名古屋文理大学紀要』第12号 pp.147-154。
- 高安健一（2022）「獨協大学における SDGs 推進体制の構築（2019年12月—2022年4月）と地域連携 PBL の展開—」『獨協経済』第113号 pp.57-76。
- 高安健一（2023）『半径3キロの PBL—埼玉県草加市で挑んだ SDGs 地域連携の記録—』幻冬舎ルネッサンス新書。
- 高安健一（2024a）「獨協大学における SDGs を活用した初年次教育の試み—「日経 SDGs 未来講座」（2021年度〜2023年度）の概要と成果—」『獨協経済』第117号 pp.49-65.
- 高安健一（2024b）『大学生のための世界の課題発見講座—SDGs を通じて未来を探究する14講—』日本能率協会マネジメントセンター。

・高安健一（2024c）「草加市障害福祉サービス事業所つばさの森との焼き菓子製造・販売にかかわる共創活動—ソーシャルビジネスとしてのゼミ活動の可能性について」『獨協経済』第118号、pp.31-51。

・谷本寛治・大室悦賀・大平修司・土肥将敦・古村公久（2013）『ソーシャル・イノベーションの創出と普及』NTT出版。

・趙晤衍（2020）「フィールド型アクティブラーニングの実践と課題に関する考察—ソーシャルビジネスの視点を踏まえた事例分析を通して—」『敬和学園大学研究紀要』Vol.29 pp.1-19。

・樋田幸恵（2024）「ソーシャルワーク実習を通じて学生が理解した専門職の価値と倫理—短期大学での教育実践から—」『淑徳大学短期大学部研究紀要』第68号、pp.119-128。

・遠山真世（2020）「障害者就労継続支援B型事業所における工賃向上の阻害要因と対策に関する研究—5事業所のインタビュー調査からみた現状と課題—」『日本社会福祉学会中国・四国ブロック』第7号、pp.15-25。

・中島隆信（2018）『新版 障害者の経済学』東洋経済新報社。

・宮部和幸（2016）「製品戦略（Product Strategy）」（藤島廣二・宮部和幸・木島実・平尾正之・岩崎邦彦著『フード・マーケティング論』筑波書房所収）pp.3-14。

・森口弘美（2020）「ソーシャル・インクルージョンを実現する実践戦略としてのbelongの検討」『天理大学社会福祉学研究室紀要』第22号、pp.15-24。

・中塚雅也・小田切徳美（2016）「大学地域連携の実態と課題」『農林計画学会誌』Vol.35 No.1 pp.6-11。

・西太郎・上田由喜子・早見直美（2023）「食品ロス削減に着目した食教育プログラムの有効性」『栄養学雑誌』Vol.81 No.4 pp.153-163。

・平尾昌也（2022）「ソーシャル・ファーム（Social Firm）概念は日本

でどのように受容されているのか―スコーピング・レビューを通して―」『The Nonprofit Review』Vol.21, Nos.1&2, pp.109-123。

・舟津昌平（2023）「産学連携の組織・個人・社会（性）―大学はいかにイノベーションに関与するか―」『組織科学』Vol.56 No.4, pp.50-66。

・薬師寺哲郎・中川隆編著（2019）『フードシステム入門―基礎からの食料経済学―』建帛社。

・八木景之（2020）「共創の事例と概念的検討」『未来共創』第 7 号、pp.49-65。

・山岡義卓（2013）「ソーシャルデザインから見た大学の地域連携活動―大学の地域連携活動のあり方に関する一考察―」『東京家政学院大学紀要』53 号 pp.101-108。

・山岡義卓（2019）「地域商業者と大学の連携によるプロジェクト型授業（PBL）の運営と学習効果」『国際経営論集』57 号 pp.67-80。

・山岡義卓（2020）「地域商業者と大学の連携によるプロジェクト型授業（PBL）―商業者の立場から見た意義と連携における留意点―」『国際経営論集』59 号 pp.1-11。

・山﨑晃史（2022）「一地域における参与観察から見たコミュニティにおけるインクルージョン実現の条件」『清泉女学院大学人間学部研究紀要』第 19 号、pp.17-36。

・柳田純子（2016）「大学と自治体との地域連携による課題解決型学習に関する事例研究―商品開発過程における学生のキャリア形成の観点から―」『東京情報大学研究論集』Vol.19 No.2 pp.1-23。

・ムハマド・ユヌス（2010）『ソーシャルビジネス革命』早川書房。

・吉國陽一（2024）「障害児保育の歴史的変遷と現代への基盤構築」（小原敏郎・橋本好市・三浦主博編『子どもの育ちと多様性に向き合う障害児保育―ソーシャル・インクルージョン時代における理論と実践』みらい所収）pp.27-41。

【著者紹介】

高安 健一（たかやす・けんいち）

1959 年東京生れ。日本総合研究所調査部上席主任研究員などを経て、2009 年 4 月より獨協大学経済学部教授。国際関係論博士（上智大学）。専門は開発経済学と東南アジア経済論。獨協大学において、日経 SDGs 未来講座コーディネーター、SDGs 推進連絡会委員を務める。学生部長在任中（2019 年 4 月〜 2023 年 3 月）に、埼玉県 SDGs パートナー制度への登録、獨協大学の障がいのある学生と LGBTQ の学生のための支援制度の策定などを推進した。ゼミにおいてこれまでに 61 のプロジェクト型課題解決学習（PBL）に取り組み、300 人を超える卒業生を社会に送り出した。埼玉県環境審議会委員。日本証券アナリスト協会検定会員。47 都道府県でフルマラソンを完走（3 県はハーフマラソン）。

著書に『半径 3 キロの PBL—埼玉県草加市で挑んだ SDGs 地域連携の記録—』幻冬舎ルネッサンス新書（2023 年）、日本経済新聞社との共編著に『大学生のための世界の課題発見講座—SDGs を通じて未来を探究する 14 講—』日本能率協会マネジメントセンター（2024 年）など。第 17 回アジア・太平洋賞特別賞受賞（『アジア金融再生—危機克服の戦略と政策—』勁草書房）。

獨協大生と草加市障害福祉サービス事業所つばさの森
マドレーヌが紡ぐ地域貢献の記録

2025 年 3 月 31 日　第 1 刷発行

著　者　　高安健一
発行人　　大杉　剛
発行所　　株式会社 風詠社
　　　　　〒 553-0001　大阪市福島区海老江 5-2-2 大拓ビル 5 - 7 階
　　　　　℡ 06（6136）8657　https://fueisha.com/
発売元　　株式会社 星雲社（共同出版社・流通責任出版社）
　　　　　〒 112-0005　東京都文京区水道 1-3-30
　　　　　℡ 03（3868）3275
印刷・製本　シナノ印刷株式会社

©Kenichi Takayasu 2025, Printed in Japan.
ISBN978-4-434-35533-2 C0036
乱丁・落丁本は風詠社宛にお送りください。お取り替えいたします。